사색의 축복

조만제 지음

사색의 축복

초판 1쇄 찍은 날 · 2014년 4월 24일 | 펴낸 날 · 2014년 4월 30일
지은이 · 조만제 | 펴낸이 · 원성삼
등록번호 · 제2-1349호(1992. 3. 31) | 펴낸 곳 · 예영커뮤니케이션
주소 · (136-825) 서울시 성북구 성북로6가길 31 | 홈페이지 · www.jeyoung.com
출판사업부 · T. (02)766-8931 F. (02)766-8934 e-mail: jeyoungedit@chol.com
출판유통사업부 · T. (02)766-7912 F. (02)766-8934 e-mail: jeyoung@chol.com

Copyright © 2014, 조만제

값 12,000원

국립중앙도서관 출판시도서목록(CIP)

사색의 축복 / 지은이: 조만제. -- 서울 : 예영커뮤니케이션
, 2014
    p. ;   cm

ISBN 978-89-8350-889-8 03230 : ₩12000

기독교[基督敎]
사색(생각)[思索]

230.4-KDC5
230.002-DDC21   CIP2014013390

사색의 축복

조만제 지음

강준민 목사 L.A. 새생명비전교회 담임

조만제 교수님이 쓰신 『사색의 축복』은 보석으로 가득 찬 보배함과 같습니다. 조 교수님은 사색하는 삶을 살아오셨고, 사색의 축복을 누리며 살아오셨습니다. 그런 까닭에 깊은 사색을 통해 끌어올린 지혜의 글들을 선물로 나누어 주실 수 있는 분입니다. 이 책은 일평생 성경을 사랑하시고, 책을 아껴 읽으시면서 쓰신 저자의 영혼이 담긴 글입니다. 책 읽는 어린이, 책 읽는 청소년, 책 읽는 민족을 만들기 위해 힘쓰시는 중에 쓴 글입니다.

『사색의 축복』은 쉽지만 깊고 단순하지만 경이로운 글로 가득 차 있습니다. 하늘과 땅이 함께 만나는 글이요, 현실과 영원이 함께 만나는 글입니다. 이 책은 기독교적인 인문학의 정수를 보여 줍니다.

인생이란 무엇이며, 인간이란 누구이며, 하나님은 어떤 분이신가를 알도록 도와주는 책입니다. 어떻게 지혜롭게 그리고 참된 행복을 누리며 살 수 있는지 보여 주는 책입니다. 쉽지만 글이 깊어 자주 멈추게 하는 책입니다. 무엇보다 우리를 말씀으로 이끌어 주며, 하나님께로 이끌어 주는 책입니다.

사색의 중요성과 사색하는 방법 그리고 사색의 축복을 누리기 원하는 분들에게 이 책을 추천합니다. 고통스런 문제 앞에서 지혜와 영감과 통찰력이 필요한 분들에게 이 책을 추천합니다.

사색은 인간에게만 허락하신 하나님의 특별한 은총이다. 그러나 멀
티미디어 시대에 접어들면서 안타깝게도 시각적 만족만을 추구하
는 현대인들이 점점 사색의 중요성을 무시하거나 호도하고 있다.
이러한 모습을 대할 때마다 우리 사회의 미래가 어두워지는 것을
느낀다. 순간적인 쾌락과 유희, 편리만을 추구하는 사람들에게 사
색이란 낱말은 귀찮은 잔소리에 불과할지도 모른다. 그러나 순간의
유희를 위하여 사색을 희생시킨 결과는 무엇일까? '꿈'의 상실과
인생의 파멸밖엔 남지 않을 것이다.

하루가 24시간으로 한정되어 있듯이 우리의 인생도 유한하다. 아
무리 복잡하고 분주해도 마음을 가다듬고 조용히 홀로 휴식하면서
하늘을 쳐다본다든가 책을 읽고 생각할 수 있는 시간을 가져야 한

다. 공연히 심심함과 무료함을 해소하기 위하여 거리를 방황하거나 당구장, 전자오락실, 노래방, 소주방, 비디오방 등을 가봐야 오히려 심신이 더 피로하고 생기를 잃게 된다.

이러한 모습은 파스칼Blaise Pascal이 말하였던 "생각하는 갈대"로서의 인간이 아니라 생각하기 싫어하는 '흔들리는 갈대'로 전락한 인간의 모습이다. 아무리 힘들고 분주하더라도 생각하는 시간을 만들어 고요한 사색의 뿌리를 내릴 때 우리의 미래는 더욱 아름답고 값진 인생으로 변화될 것이다. 인간의 정신을 성숙시키는 모든 사상과 철학은 반드시 깊은 사색 속에서 창조되기 때문이다.

나는 지금까지 살아오면서 사색 속에서 삶의 지혜와 실천 덕목을 찾을 수 있었다. 이 세상에서 생각이 없는 사람은 인생을 폐업한 것과 같다. 이보다 더 불행한 사람은 없을 것이다. 사람은 저마다 꿈을 가지고 있다. 이 꿈은 생각의 소산이기 때문에 생각하는 사람만이 인생의 정도正道와 대도大道 위에서 생각한 것을 충실하게 실천할 수 있는 용기를 갖게 된다. 이런 의미에서 나는 인간의 삶을 더욱 값있고 아름답게 만드는 길이 사색에서 시작된다고 확신한다.

비옥한 사색의 땅에서 '꿈'은 열매를 맺는다

꿈을 성취하는 것에 급급한 나머지 시간과 물질뿐 아니라 정신 까지도 저당잡힌 채 살아가는 사람이 많다. 대부분의 현대인들이 맹목적으로 꿈을 향해 질주하고 있다. 분주한 일상생활 속에서 우 리는 자기 자신과 주변 세계를 돌아볼 여유를 잃고 살아가고 있다.

시간의 여유, 곧 여가는 외부에서 주어지는 것이 아니라 스스로 만들어 가는 것이다. 여가 시간에 삶을 돌아보면서 자신의 행동을 반성하게 되고, 주변 사람들과의 관계를 생각하게 되며, 내일의 꿈 을 설계하게 된다.

바람직한 꿈의 정립과 그 꿈의 실현은 사색을 통해서만 열매를 맺는다. 자기 자신과 대화하지 못하는 사람이 어떻게 다른 사람과 의 대화 속에서 의미를 찾을 수 있겠는가? 아름다운 인간관계 형성 도, 견고한 공동체의 조화도 한 사람의 진지한 사색 속에서 이루어 지는 법이다.

사색 속에서만이 다른 사람을 위해 해 주어야 할 뜻 깊은 행동을 준비할 수 있다. 사색의 힘이 아니면 꿈을 올바르게 정립할 수도, 추진할 수도 없다. 삶을 창조적으로 변화시키는 길은 사색 속에 있 다.

개인의 크고 작은 꿈이 모여 공동체의 비전을 낳는다. 그러나 사색을 품고 자라난 미래의 계획만이 '꿈'이라는 이름을 가질 자격이 있다. 사색이 결여된 계획은 순간적 착상 또는 망상일 뿐이다. 여기서 말하는 '꿈'이란 실현 가능성을 충분히 확보하고 있는 진정한 이상을 의미한다. 그렇다면 실현 가능성은 어디에서 생겨나는가? 그 지름길은 사색의 지속성과 진지함이다. 지식보다 더 중요한 것이 사색이다. '꿈'의 열매를 맺어 줄 처음이자 마지막 자양분은 비옥한 사색의 땅에서 생겨난다.

이 책 속에 담겨 있는 교훈은 성경의 가르침과 위인들의 삶에서 얻어 낸 지혜의 목소리이므로 '꿈'을 실현하는 날까지 어려움을 극복할 수 있도록 큰 힘이 되어 줄 것이다. 이 책을 읽는 사람마다 시간과 장소의 제약을 뛰어넘어 많은 사람들에게 사색의 중요성을 일깨우고 사색의 원천으로 '꿈'의 나무를 키워 주는 동역자들이 되기를 기대한다. 나무의 열매를 수확하는 날, 곧 '꿈'이 실현되는 날을 위하여 이 책은 다음과 같은 사색의 길잡이 역할을 감당할 것이다.

첫째, 하나님의 말씀 안에서 출발하는 사색만이 온전한 '꿈'을 낳는다는 것을 들려준다. 둘째, 각 사람이 처한 상황과 환경에 따라 어떠한 사색이 필요한지를 이야기한다. 셋째, 사색은 '꿈'의 실현을 가로막는 장해 요인들을 극복할 수 있도록 정서적 안정과 원만한 인격을 갖게 해 준다. 넷째, 사색은 '꿈'의 산파 역할을 할 뿐만 아니라 '꿈'을 이루는 데 가장 적합한 철학과 가장 지혜로운 방법을 제공해 준다. 다섯째, 훌륭한 사색을 통해 다듬어진 훌륭한 인격이 다른 사람들과 조화를 가능케 하여 공동체의 이상을 실현할 수 있는 밑거름이 된다.

사색의 축복으로 초대

이 책은 평생 동안 몸담아 왔던 학교 교육과 교회 생활에서 얻은 깨달음과 반성이 담겨 있다. 특히 경희학원의 설립자이신 조영식 박사의 "생각하는 사람이 천하를 바로 세운다", "생각하는 사람에겐 불가해_{不可解}가 없다"는 말씀은 나의 반평생을 사색의 반석 위에 올려놓게 한 정신적 원천이었음을 밝히지 않을 수 없다. 조영식 박사의 좌우명으로부터 얻은 교훈들은 이 책의 곳곳에서 사색의 중요성을 증거 해 주고 있다. 또한 나는 동서고금의 명저 『세계명언명구대사전』, 『문장대백과사전』에서 감명 깊었던 명언과 금언, 격언과 속담을 발췌하여 이를 성경말씀에 비추어 깊이 사색한 후에 그 뜻과 구체적인 실천 방법을 이 책 속에 담았다.

나는 이 교훈들을 인생의 소중한 자산으로 삼아 나의 삶 속에서 실천하고자 노력해 왔다. 그러나 이처럼 값진 교훈들을 나의 삶 속에서만 간직할 것이 아니라 모든 사람들의 삶 속에 심어 주고 싶은 간절한 소망을 갖게 되었다. 이러한 삶의 지혜를 주는 교훈들을 통해 누구나 하늘의 음성을 들을 수 있고, 양심의 깊은 곳에서 울려나오는 소리에 따라 살 수 있도록 하여 인간이 인간답게 살아가는 데 도움이 되고자 하는 것이다. 이를 실천하는 것은 어렵고도 쉽고, 쉽고도 어려운 일이라 하겠다. 그러나 이를 실천하는 곳에 인생의 향기로움이 있고 이 땅에 천국을 이루게 될 것이다.

그러므로 이 책은 선현들의 가르침과 나 자신의 실제적 체험이 조화를 이룬 일종의 사색록이라 할 수 있다. 또한 이 책은 사색의 원리와 방법론 사이에 균형을 두었기 때문에 독자들에게 사색의 중요성을 일깨워 줄 뿐만 아니라 사색의 힘으로 내일의 행복한 인생을 낳게 하는 산파 역할을 하리라 기대한다.

이 책 내용의 특색은 다음과 같다.

첫째, 각양각색의 다양한 생활환경 속에 살아가는 독자들에게 각자 고유한 사색의 시·공간을 가질 수 있도록 동기를 부여한다.

둘째, 새벽과 한밤중에 고요히 묵상하므로 사색은 진리를 향해 가까이 다가가는 통로임을 깨닫게 해 준다.

셋째, 독자들의 인격을 수양케 하고 마음을 다스리는 법을 터득케 하여 외로움과 불안, 초조함과 성급함을 깨끗이 씻어내는 데 보탬이 된다.

넷째, 사색 속에서 펼쳐지는 인내의 연단 과정을 통해 내면의 질서를 세우고 자신의 마음을 선한 행위의 근본으로 삼아 마음과 행동의 일치를 경험하게 한다.

다섯째, 사색을 통해 맑게 정화된 마음에서 이웃을 향한 사랑과 섬김의 손길이 시작된다는 것을 깨닫게 해 준다.

이 책이 혼자 여행을 떠나는 친구, 방황하는 청소년들, 내면의 중요성을 깨닫지 못하는 이들, 신앙의 갈등을 겪고 있는 크리스천, 자녀들을 교육하는 부모, 학생들을 지도하는 교육자에게 진정한 인생의 의미와 가치를 새롭게 가슴에 새기는 데 도움이 되었으면 한다.

끝으로 이 책은 이미 출판되었던 나의 책 『내일을 여는 사색』과 『꿈을 이루는 사색』 2권을 사랑하는 딸 조혜은 전도사가 통합하고, 재구성하여 다시 출판하게 되었다. 아울러 이 책이 출간될 수 있도록 도움을 주신 예영커뮤니케이션의 고 김승태 사장님과 김지혜 편집팀장께 감사를 드린다.

2014년 2월
조만제

12

CONTENTS

'나'에게로 향하는 사색의 길

불 속에서 연단한 사색의 그릇

하늘의 복을 전하는 사색의 손길

생명의 숨결이 담긴 사색의 축복

진리의
땅으로 떠나는
사색의여행

성경

진리의 모태, 성경

**하나님의 말씀은 우리 영혼의 먹구름을 걷어 내고
푸른 생명의 햇살을 쏟아 부어 준다**

하루에 규칙적으로 세 끼의 식사를 하고 영양분을 균형 있게 섭취
하면 육체의 건강이 호전될 수 있듯이, 믿음이 건강하게 성장하려
면 주야로 성경말씀을 읽어야 한다. 어린아이때부터 성경말씀을 가
까이 하는 습관을 길러 육신의 건강 못지않게 영혼의 건강도 잘 돌
보아야 한다.

고아들의 아버지라 불리는 조지 뮐러 George Muller 목사도 유년시절
에 해마다 한 번씩 성경을 통독하였다. 또한 예수님은 "그가 선생
들 중에 앉으사 그들에게 듣기도 하시며 묻기도 하시니 눅 2:46 "라는
성경말씀처럼 이미 12세에 랍비들과 성경에 관해 토론할 만큼 성
경에 대한 해박한 지식을 갖고 계셨다. 이와 같이 인생의 연한을 막

론하고서 어린 시절부터 성경을 사모하고 성경을 읽는 것은 진리를 향한 믿음을 성장시키는 최선책이라 할 수 있다.

존 그린리프 휘티어 John Greenleaf Whittier 는 "우리는 진리를 찾아 세상을 헤맨다. 비석에서, 두루마리 책에서 그리고 영혼의 맑은 꽃밭에서 선하고 진실하고 아름다운 것을 구한다. 탐구자가 되어 온 세상을 찾아다닌다. 그러나 어디에서도 진리를 찾을 수 없을 때……, 결국 어머니가 읽어 주시던 그 책 안에 진리가 있음을 알게 된다"고 하였다. 우리는 휘티어의 고백에서 성경이 곧 진리의 모태이자 요람이라는 것을 쉽게 알 수 있다.

하나님의 말씀은 우리의 영혼 속에 쌓여 있는 탐욕과 불의를 깨끗하게 씻어 주고, 하나님을 향한 믿음과 사랑을 가득 채워 주신다. 또한 우리 영혼의 먹구름을 걷어 내고 푸른 생명의 햇살을 쏟아 부어 준다. 잠수부가 깊은 바다 속에서 진주를 찾듯이, 광부가 금이 묻혀 있는 광맥을 찾아내듯이 성경 속에서 진리를 캐내려는 노력이 부단히 계속될 때 우리의 믿음은 성숙의 길을 걸어가게 될 것이다.

인생

진리의 항구를 향해 목적의 돛을 올리는 인생 항로

인생은 불충분한 전제 위에서
충분한 결론을 끌어내는 기술이다_S. 버틀러

인생은 아침에 피었다 저녁에 지는 나팔꽃처럼 빨리 지나간다. 그러므로 성경은 "우리의 연수가 칠십이요 강건하면 팔십이라도 그 연수의 자랑은 수고와 슬픔뿐이요 신속히 가니 우리가 날아가나이다_시 90:10 "라고 하였다. 인생의 길은 평탄한 것 같지만 멀고도 험하며 기쁨과 슬픔이 항시 교차된다. "인생은 불확실한 항해"라는 셰익스피어_William Shakespeare 의 말이 암시하듯, 행복한 삶을 살다가도 어느새 너무나 고달픈 현실에 직면하는 것이 우리의 인생이다.

그러나 사람이 한 평생을 살면서 기쁨을 오래도록 간직하고 슬픔에서 지혜와 교훈을 얻는 것이야말로 인생의 의미를 아는 길이다. 산다는 것 자체보다 어떻게 사느냐의 문제가 더 중요하다. 버틀

21

러_{S. Butler}는 "인생은 불충분한 전제 위에서 충분한 결론을 끌어내는 기술"이라고 하였다. 누구나 한평생 추구해야 할 좋은 뜻을 세웠다면 어떠한 어려움이 있다 하더라도 그것을 이루기 위해 중단 없이 땀을 흘려야 한다.

목적 없이 살아간다는 것은 항로를 정하지 않고 망망대해를 표류하는 배처럼 위험하기 짝이 없는 인생이다. 그러므로 사람은 누구나 가치 있는 목표를 정하고 그 목표를 이루기 위해 온갖 정성과 노력을 기울여야 한다. 가치 있는 목표를 향한 열의가 없는 사람의 인생은 한 번도 돛을 올리지 못하고 항해하게 될 것이다. 얼마나 오래 사느냐가 아니라 이제는 얼마나 많은 가치들을 담고 사느냐에 인생의 의미를 걸어야 한다.

인생에서 가장 커다란 기쁨은 주변에서 불가능하다고 하는 일을 끝까지 해내는 것이다. 인생의 가장 아름다운 열매는 모든 사람에게 사랑의 마음으로 도움과 유익을 주는 풍성한 기쁨일 것이다. 아놀드_{H. Arnold}가 "자기희생은 인간의 행복에 도움을 준다"고 하였듯이, 자기를 낮추고 남을 섬기는 일은 불가능을 가능케 하는 일보다 더욱 큰 보람을 안겨 줄 것이다. 인생은 바람처럼 빨리 지나가 버리지만 이타적 행위를 통해 얻는 보람은 인생이 우리에게 안겨 주는 가장 값진 진리의 보물이다.

탐구

진리를 찾아 떠나는 탐구의 여정

탐구하여 찾아질 수 없을 정도로
어려운 문제는 존재하지 않는다_티랜티우스

성경은 우리를 향해 "구하라 찾으라 두드리라_{마 7:7}"고 말씀하고 있다. 진리 탐구를 권면하고 있는 것이다. 모든 사물은 보려고 노력하는 자에게만 그 속성을 드러내고, 진리는 탐구하려고 노력하는 자에게만 그 의미의 베일을 벗는다.

탐구란 사물의 본질에 대해 깊이 생각하며 사물의 속성을 확실히 이해하려는 태도이다. 또한 특정한 현상의 구성요소와 그 요소들 간의 연관성을 깊이 파악하는 것이다. 필요가 발명의 어머니라면 탐구는 그 어머니의 안내자라 할 수 있다.

인류가 낳은 문학과 예술 그리고 과학과 철학은 지금까지의 탐구 결과이며 미래의 발전은 탐구 여하에 달려 있다. 탐구는 불가능을 가능한 것으로 만드는 관문이다. 티랜티우스_{Terentius}는 "탐구하여 찾아질 수 없을 정도로 어려운 문제는 존재하지 않는다"라고 하였다. 탐구가 깊으면 깊을수록 더 어려운 문제가 해결될 수 있고 새로운 방법을 찾을 수 있다.

탐구의 생활이란 결코 만족스럽고 흥미로운 것만은 아니다. 사막에서 황금모래를 찾으려는 결심 없이는 깊은 탐구가 불가능하다. 탐구의 결과를 기대하기에 앞서 탐구 자체를 즐거움으로 삼는 지혜가 필요하다. 『좁은 문』의 저자 앙드레 지드_Andre Paul Guillaume Gide 는 "미지를 향해 출발하는 사람은 누구나 외로운 모험에 만족해야 한다"라고 하였다. 탐구 없는 생활은 퇴보하는 생활이며 탐구 없이 살아간다면 인간의 이성_理性 은 기계와 다를 바 없을 것이다.

탐구의 생활은 진지하고 지속적이며 창조적인 것이어야 한다. 또한 사회에 발전의 지표를 제시해 주고, 인류에 평화의 메시지를 전해 주는 것이야말로 가장 바람직한 탐구의 내용이라 할 수 있다. 지금까지 인류의 탐구는 생산적인 면과 파괴적인 면을 동시에 추구해 왔다. 탐구의 파괴적인 결과로 가공할 핵무기 개발은 인류의 생존 자체를 위협하는 단계에까지 이르렀다. 탐구 속에 스며든 지배의 욕망과 파괴적 요소를 제거하고 서로 협력하는 사회 분위기를 조성하는데 모든 탐구의 노력을 집중해야 할 것이다. 올바른 탐구의 철학으로 진리를 찾고, 면밀한 탐구의 방법으로 진리를 생활 속에 적용하여 평화로운 세상을 만들어야 하겠다.

진리

생각은 진리의 문을 여는 열쇠

진리를 찾는 자와 사랑하는 자에게만 풍요의 꿈이 허락된다

진리는 우주의 질서를 구현하고 유지시키는 기본 법칙이다. 영국의 작가 초서 Geoffrey Chaucer 가 "진리는 인간이 지닐 수 있는 최고의 것이다"라고 말했듯이 진리는 최고의 선_善을 낳는다. 모든 기쁨과 행복이 진리와 더불어 있으며 모든 지혜와 사상도 진리로부터 생성된다.

　진리는 찾는 자와 사랑하는 자에게만 풍요의 꿈으로 허락된다. 진리는 먼 곳에 있는 것이 아니라 언제 어디에나 인간이 원하는 모든 것을 제공해 줄 수 있는 무한의 힘을 가지고 있다. 그러나 진리는 원하지 않는 사람에게는 결코 나타나지 않는다.

　"좁은 문으로 들어가라. 멸망으로 인도하는 문은 크고 그 길은 넓어 그곳으로 들어가는 사람이 많다. 그러나 생명으로 인도하는 문은 좁고 그 길은 험해 그곳을 찾는 사람은 적다_마 7:13-14"는 성경 말씀에서도 알 수 있듯이, 진리는 우리 주변에 있지만 쉽게 발견되지 않으며 이를 찾는 사람도 많지 않다. 진리는 찾으려고 부단히 노력하는 자에게만 발견되며, 하나의 진리를 찾았을 때 그것을 상실하지 않도록 깊이 되새기고 묵상하는 자에게만 그 곁에 머무른다. "진리의 길을 걷는 것은 고통스럽고 험난하다"는 존 밀턴_John Milton 의 말처럼 진리를 찾는 길은 고행의 길이나 기쁨과 행복을 지향하는 가장 빠른 길이기도 하다. 진리를 탐구하는 길은 외롭고 괴로운 길이지만 그 노고에 비례하여 정신적 성숙의 열매가 주어진다.

"진리는 깊은 곳에 싸여져서 감추어져 있다"는 세네카_Lucius Annaeus Seneca 의 말처럼, 보이지 않으나 보석보다 더 아름답게 빛나는 것이 진리의 빛깔이며, 나이팅게일의 노래보다 더 아름답게 울려 퍼지는 것이 진리의 소리이다. 겸허한 자세로 진리를 맞이할 준비를 하고, 인내와 노력으로 진리의 문을 두드리자. 독서와 사색과 연구는 진리의 문을 여는 열쇠이다. 진리를 따르며 진리와 더불어 사는 것이 참된 인생이다. 동서고금의 위대한 인물들은 모두 진리탐구에 매진한 역사의 산 증인들이었다. 진리를 깨닫고자 노력한 위인들이 있었기에 오늘의 문화가 존재할 수 있었으며, 진리를 탐구하는 현대의 선각자들이 존재하기에 번영된 문화를 후손에게 물려줄 수 있는 것이다.

진리 탐구의 생활, 진리를 벗 삼아 사는 삶이 가장 가치 있는 인간사 人間事로 부각될 때 인류 사회는 평화와 번영을 기약할 수 있을 것이다.

생각 /
깊은 생각 속에서 듣는 영혼의 소리

인간의 생애는 그 사람의 사고에 의해서 만들어지는 것이다
_마르쿠스 아우렐리우스

생각을 깊게 하면 내면의 세계가 열리고, 생각이 높아질수록 커다란 꿈과 이상을 갖게 된다. 또한 생각을 넓게 하면 사랑과 평화의 세계를 이룩할 수 있다. 인간은 생각하는 능력을 갖고 있기 때문에 오늘날의 찬란한 문화와 문명을 발전시킬 수 있었다.

생각한다는 것은 곧 자기 자신과 이야기를 나누는 것이며 자기 본연의 모습을 찾는 일이다. 진지한 생각은 결코 거짓과 허세를 용납하지 않는다. 또한 모르는 것을 깨닫게 하고 잘못을 뉘우치게 한다. 이처럼 생각은 몸과 마음을 닦아 자기 자신을 성장하게 한다.

생각한다는 것은 사물에 대한 세밀한 관찰과 올바른 인식 능력, 정확한 기억력과 풍부한 상상력, 민감한 감수성, 냉철한 분석과 판단력 그리고 우수한 창의력을 길러내는 것이다. 그러므로 생각을 깊이 하면 사물의 이치를 바로 깨달아 모든 것을 바르게 이해할 수 있게 된다.

생각한다는 것은 천지를 만드신 하나님의 섭리와 그분의 뜻을 바로 알고자 노력하는 일이다. 생각하는 사람에게 사랑과 희락과 평화가 넘치는 것은 그가 생각하는 중에 하나님의 음성을 들을 수 있기 때문이다.

이와 같이 생각은 놀랍고도 위대하다. 마르쿠스 아우렐리우스 Marcus Aurelius 는 "인간의 생애는 그 사람의 사고에 의해서 만들어지는 것이다"라고 하였다. 한 사람의 장래는 그 사람의 생각의 깊이, 생각의 넓이에 따라 만들어지는 것이다. 결국 생각은 사람을 사람답게 만들어 가는 힘이다. 생각은 마음을 움직이고 삶을 변화시키므로 깊은 생각은 그 시대의 정신과 사상을 만들어 내기도 한다.

"오직 여호와의 율법을 즐거워하고 그 율법을 밤낮으로 깊이 생각하는 자로다시 1:2"라는 말씀과 같이 하나님께서는 처음부터 사람에게 생각할 능력을 주셨다. 삶의 깊은 곳을 바라보며 영혼의 소리를 듣기 위하여 내면 속의 '생각하는 사람'을 만나보자.

생각 2

영의 세계를 보는 생각의 렌즈

생각한다는 것은 자기 자신과 이야기를 나누며
자신의 고유한 길을 찾는 것이다–우나무노

인간은 누구나 똑같이 태어나서 어떤 이는 의미 있는 일을 많이 한 반면 평생토록 의미 있는 일을 하나도 하지 않는 사람도 있다. 이처럼 인생의 모습이 달라지는 것은 오로지 그 사람이 얼만큼 생각하면서 살았는가에 달려 있다. 프랑스의 철학자 데카르트R. Descartes가 "나는 생각한다. 그러므로 나는 존재한다"라고 말한 것처럼 인간의 사고방식에 의해 인생의 의미가 결정된다.

우나무노Miguel de Unamuno는 "생각한다는 것은 자기 자신과 이야기를 나누며 자신의 고유한 길을 찾는 것이다"라고 말하였다. 생각은 거짓과 허세를 절대 용납하지 않는다. 또한 자기를 반성하게 하고 스스로를 깨닫게 하며 몸과 마음을 닦아 자기를 키우게 한다.

생각은 눈을 감고 가만히 있는 것이 아니다. 건전한 방향에서 목표를 정하고 검토하고 분석하는 것이다. 생각을 보다 풍부하게 하려면 평소에 많은 독서를 하고 끊임없이 교육을 받으면서 지식의 지경을 넓혀야 한다. 때때로 오래 생각할 수 있는 시간을 갖는 것이 필요하다. 생각을 오래하면 자연히 예지가 생기고, 바르게 판단하여 바르게 행동하는 방법을 알게 되며, 성공하는 비결을 터득하게 된다.

인생의 성공은 좋은 대학의 졸업장이나 좋은 직장, 훌륭한 가문의 출신으로 결정되는 것이 아니라 그 사람의 생각의 깊이와 크기에 의하여 결정된다. 자신의 생각 속에서 욕심을 비우는 자와 영의 세계를 보는 자는 언제나 평화롭고 사랑이 넘치는 삶을 살아가게 된다. 그러므로 성경에서도 "육신의 생각은 사망이요 영의 생각은 생명과 평안이니라 롬 8:6"고 하였다.

독서

생각의 숲길을 걷는 독서의 발걸음

> 그 어떠한 슬픔도 한 시간의 독서에 몰두하는 동안
> 가라앉지 않는 슬픔이란 없다_몽테스키외

사람은 일생을 살아가는 동안 많은 지식과 교양을 필요로 한다. 지식과 교양은 교육을 통해서, 언론매체와 독서를 통해서 습득된다. 그러나 이들 중 가장 중요한 것은 독서라 할 수 있다. 독서는 사상의 원천이 되고 삶의 방법을 안내하고, 사회생활의 어려움을 극복할 수 있는 지혜와 판단력을 부여해 준다.

노동이 물질을 얻기 위한 행위라면 독서는 생각의 풍요를 이루기 위한 행위라 할 수 있다. 영국의 리처드 스틸Richard Steele 경은 "독서와 마음과의 관계는 운동과 몸의 관계와 같다"고 하였다. 독서는 생각의 양식을 풍요롭게 하고 삶의 질을 향상시킨다. 독서는 역사 속의 위대한 인물들과의 대화이며, 그들로부터 최고의 교육을 받는 시간이다. 독서를 통해 무한한 즐거움을 얻을 수 있고 복잡한 일상에서 벗어나 넓고 깊은 생각의 숲을 산책할 수 있다. 그렇기에 '독서삼매讀書三昧'라는 말이 있지 않은가! 이는 책에 몰두하여 현실세계를 잊어버리는 상태를 의미한다. 독서삼매의 경지에 이르러 비로소 작가가 들려주는 깊은 뜻을 이해할 수 있고 삶의 교훈을 얻을 수 있다.

프랑스의 계몽사상가 몽테스키외Montesquieu는 "그 어떠한 슬픔도 한 시간의 독서에 몰두하는 동안 가라앉지 않는 슬픔이란 없다"고 하였다. 독서는 괴로움을 떨칠 수 있는 피난처요 고난에서 벗어나기 위한 탈출구의 역할을 한다. 독서를 하는 데는 책의 선택도 중요하다. 단순한 흥미 위주의 내용이나 관능적인 내용의 책들은 일시적으로 흥분을 줄지는 모르나 생각의 양식은 될 수 없다. 사회를 빛낸 위인들의 교훈적인 가르침에 눈을 돌려야 하고, 인류 사회의 발전적 방안을 제시해 주는 책들을 읽어야 한다. 좋은 영양분을 섭취해야 건강을 유지하듯이 "지혜와 지식의 모든 보화가 감추어져 있는골 2:3"성경과 그 밖의 양서들을 사랑하여 마음의 생명력이 고갈되지 않도록 해야 할 것이다.

책

책은 사색의 발자취

책을 위해서 책을 읽는 것이 아니라 나 자신을 위해서 읽는다_W. S. 모옴

책은 인류가 체험하고 사색하고 연구한 것을 기록해 놓은 말없는 교사이다. 위인들의 업적과 교훈이 있고, 과학 문명의 발자취가 새겨져 있다. 고대의 위인과도 대화를 나눌 수 있으며, 먼 나라의 저명한 교수의 강의도 들을 수 있다. 그들과 흉금을 터놓고 토론할 수 있으며 무한한 의사를 교환할 수 있다.

책은 겸손하고 양심적이며 원하는 자에게만 보물을 안겨 준다. 필요할 때 필요한 것을 제공해 주며 찾지 않을 때는 언제까지라도 묵묵히 기다리는 아량이 있다. 이처럼 책은 인생을 풍요롭게 하고 생존의 가치를 드높이는 신비적 힘을 갖고 있다.

일상생활에 도움을 주며 마음을 밝고 아름답게 해주는 책, 인간으로서 보람과 행복을 가져다 줄 수 있는 책, 궁극적으로 성경과 같이 영혼의 양식을 주는 '순전하고 신령한' 책을 선택하는 것이 중요하다 벧전 2:2. T. 드락스의 말처럼 "학식은 마음의 눈"이기 때문이다.

훌륭한 책은 지친 자에게 생기를 주며 소심한 자에게 용기를 주고 우둔한 자에게 지혜를 준다. 또 외로운 자에게는 벗이 되며 방황하는 자에게는 참된 길잡이가 되어 준다. 가난한 자는 책을 통해서 부자가 될 수 있고, 부자는 책을 통해서 존귀한 자가 될 수 있다. 재산은 육체를 편안하게 하지만 책은 영혼을 안락하게 한다. 그러나 아무리 훌륭한 책이라도 독자 자신이 책을 통해서 무엇인가를 얻으려고 하는 열의가 없다면 무의미하다.

책이 소중한 이유는 책을 읽는 사람에게 도움을 줄 수 있기 때문이다. 모옴Maugham William Somerset 은 "책을 위해서 책을 읽는 것이 아니라 나 자신을 위해서 읽는다"고 하였다. 그러므로 한 문장을 읽을 때에도 정신을 집중하여 저자가 들려주는 진리의 외침에 귀 기울여 대답하며 끊임없이 대화를 나누어야 한다.

손에는 항상 책을 들도록 하자. 가정도 책으로 장식해 보자. 누구를 기다릴 때나 여가가 있을 때마다 책을 읽도록 하자. 그러면 무한한 행복의 샘물이 마음에서 솟아나게 될 것이다.

정신

어떤 무기보다 강력한 정신의 창검

정신은 그 어떤 무기보다 우월하며 태풍보다 큰 위력을 갖는다_오비디우스

인간은 정신과 육체의 결합체이다. 정신은 육체를 움직이는 사령탑이며 인간의 표정과 행동을 결정짓는 근원이다. 정신은 인간 자신뿐만 아니라 물질과 환경까지도 결정한다. 그렇기에 로마의 시인 베르길리우스 Vergilius 는 "정신은 물질을 움직인다"고 하였고, 칼라일 Thomas Carlyle 도 "물질을 결정하는 것은 언제나 정신"이라고 말하였다. "정신일도하사불성 精神一到何事不成 "이라는 말이 있다. 정신을 가다듬어 힘을 집중하면 무슨 일이든 이룰 수 있다는 말이다.

정신은 우주를 변화시킬 수 있는 위대한 힘과 변화무쌍한 신비로운 힘을 지니고 있다. 그러므로 플라톤 Platon 은 정신을 만물의 근원으로 바라보면서 "정신은 우주의 지배자"라고 단언하였다. 사랑과 협동의 정신이 결합되면 인류의 평화와 번영이 오고, 증오와 대립의 정신이 결합되면 전쟁과 파괴의 결과가 오기 마련이다.

정신에 사랑과 선의와 용서를 가득 채우고 알력과 대립과 투쟁의 성향을 제거할 때 인간사회는 보다 밝아질 수 있다. 정신은 자기 수양과 노력을 통해서 점차 인간과 사회를 윤택케 하는 원동력으로 발전한다. 자신의 이익만을 위해 행동할 때 정신은 점점 시들어가고 악의 지배를 받게 된다. "악을 도모하는 사람의 마음에는 속임수가 있지만 평화를 도모하는 사람에게는 기쁨이 있다 잠 12:20"는 성경말씀은 우리에게 정신을 어떻게 가꾸어야 하는가를 가르쳐 준다.

"호랑이에게 물려가도 정신만 차리면 산다"는 말처럼 정신이 있는 곳에 패배가 있을 수 없다. 오비디우스Ovidius의 말처럼 "정신은 그 어떤 무기보다 우월하며 태풍보다 큰 위력을 갖는다." 평화와 번영을 지향하는 정신을 우리의 가슴에서 키워내 행복하고 아름다운 사회를 건설해야 하겠다.

지혜

지혜의 샘

지혜는 샘이다. 그 물을 마시면 마실수록 점점 더 솟아 나온다
_A. 셸레지우스

지혜는 삶의 길을 밝혀주는 등불과 같다. 지혜는 인간 생활에 유익을 주며 바르고 진실하게 사는 방법을 가르쳐 준다. 옳고 그름을 판단하게 하고 선과 악을 구별 짓는다. 또한 능률과 효과를 증대시키고 생활을 윤택하게 한다. 그러므로 A. 마벌Andrew Marvell은 "1온스의 타고난 지혜가 1파운드의 목사 설교만큼이나 가치가 있다"라고 하였으며, 성경에서는 "지혜를 얻는 것은 돈을 얻는 것보다 낫고 이러한 지혜를 얻으면 앞날이 열리고 희망이 끊이지 아니할 뿐만 아니라 행복하다잠 3:14-18"고 하였다

지혜는 오랜 경험이나 순간순간 스쳐가는 영적 감응을 통해서 얻어지며 특히 꾸밈없이 맑고 순진한 마음에서 생겨난다. 생각이 온전

하고 행실이 바르면 지혜가 생기게 마련이다. A. 셀레지우스는 "지혜는 샘이다. 그 물을 마시면 마실수록 점점 더 솟아 나온다"고 말하였다. 하나의 지혜를 얻으면 또 하나의 지혜가 새롭게 싹튼다. 지혜의 샘이 마르지 않기 위해서는 욕심을 비우고 마음속에 숭고한 생각을 가득 채우며 선한 행동을 추구해야 한다. 또한 자기 자신의 삶을 반성하는 노력이 끊이지 않아야 하며, 다른 사람과의 조화를 이루도록 노력해야 한다. 그래서 공자는 "지혜로운 사람은 사람을 잃지 않고 또 실언하지 않는다"고 하였다. 그리고 옳고 그름을 바르게 판단하여 무모한 일을 하지 않으며, 다른 사람으로부터 모욕을 받아도 화를 내지 않는다. 지식을 소중히 간직하며 교훈을 지키고 매사에 공의로 판단하여 다른 사람과 원만한 인간관계를 유지한다.

지혜로운 사람이 되자. 성경은 "세상에 금도 있고 진주도 많거니와 지혜로운 입술이 더욱 귀한 보배니라_{잠 20:15}"고 하였다. 끊임없이 지혜의 샘을 찾아 마시면서 인간의 아름다움을 풍요롭게 가꾸어 나가자.

적극적 사고

하루를 성공의 길로 안내하는 적극적인 사고

'하실 수 있다면'이 무슨 말이냐?
믿는 사람에게는 모든 일이 가능하다_마가복음 9:23

사고는 인간의 행동 결정 요소이며 사회 현상을 결정짓는 근본이라 할 수 있다. 소극적이고 부정적인 사고를 가진 사람에게는 성공과 발전을 기대할 수 없다. 인류와 역사와 문명은 소극적인 사고가 아니라 적극적인 사고의 산물이라 할 수 있다. 모든 창조는 적극적인 사고를 가진 사람에 의해서 이루어지며, 변화와 발전도 적극적인 사고에 의해 주도된다. 안 된다고 생각하면서 안 되는 쪽으로 행동하기 때문에 최악의 결과를 초래할 확률을 높이지만 긍정적인 확신을 가지고 일을 추진하면 어떠한 환경에서도 최상의 결과를 얻게 될 것이다.

적극적인 사고는 마음의 불안을 해소하고 열등감을 사라지게 하며 한계 상황과 어려움을 극복하는 힘을 준다. 마음의 평화를 주고 행복과 보람을 안겨 준다. 그러나 적극적인 사고는 그다지 쉽게 현실화되지 않는다. 적극적인 사고를 외치는 사람은 많아도 이를 실천하는 자는 많지 않다. 그렇기에 간단하면서도 어려운 것이 적극적인 사고와 그 실천일지도 모른다. 우선 적극적인 사고를 습관화하겠다는 굳은 의지를 가져야 한다. 그리고 매일의 삶에서 자신의 생각을 실천에 옮기도록 노력해야 한다.

인간의 본성에는 소극적인 사고에 안주하려는 마음과 적극적인 사고를 지향하려는 마음이 공존한다. 적극적인 사고를 등한시 할 때 삶의 질은 퇴보하기 마련이다. 아침에 일어나면 먼저 마음속에 자신감을 일깨우며 모든 것이 잘되리라는 확신을 갖도록 하자. 하루의 일과는 그날 아침의 생각에 달려 있다.

성경은 "하실 수 있다면이 무슨 말이냐? 믿는 사람에게는 모든 일이 가능하다_{막 9:23}"라고 하면서 긍정적이고 적극적인 생활태도를 권면하고 있다. 영국의 시인 윌리엄 블레이크_{William Blake}가 "하나의 생각이 거대한 공간을 가득 채운다"고 하였듯이 적극적인 사고로 삶을 이끌어 가고 가능성을 추구하는 의지를 마음속에 키워갈 때 인류의 미래는 반석 위에 견고히 놓일 것이다.

인내

인내는 낙원으로 가는 연단의 길목

모든 불운은 인내로써 극복될 수 있다_베르길리우스

인내 없이 목표를 달성할 수는 없다. 목표가 크고 가치가 있을수록 더욱 큰 인내가 필요하다. 루소 Henri Rousseau 는 "인내는 쓰나 그 열매는 달다"고 하였다. 인내를 경험하지 않고서는 성공의 진미를 느낄 수 없다. 다른 사람이 견디기 어려운 여건 속에서 인내를 통해 성공을 거두었을 때 무한한 기쁨을 누릴 수 있다.

자기의 욕망을 억제하면서 고통을 극복해 나가는 과정이 인내이다. 로마의 시인 베르길리우스 Publius Vergilius Maro 는 "모든 불운은 인내로써 극복될 수 있다"고 하였다. 인내는 행운의 안내자이며 불가능을 가능으로 바꾸는 원동력이다. 인내가 있는 곳에 희망이 있고 발전이 있다. 목표를 달성하겠다는 의지가 있을 때 인내를 가질 수 있으며 그러한 의지는 평소의 생활 속에서 형성된다.

성공은 순간적인 노력으로 이루어지는 것이 아니다. 평소에 작은 일에서부터 참고 견디며 최선을 다할 때만이 성공에 이를 수 있다. 인내는 목표의 정상에 승리의 깃발을 꽂게 만드는 원동력이다.

성경에도 "인내를 온전히 이루라 이는 너희로 온전하고 구비하여 조금도 부족함이 없게 하려 함이라_{약 1:4}"고 하였듯이, 인내하는 자만이 참된 인격을 가질 수 있다. 인내가 있는 곳에 화해와 협력이 있고, 사랑이 있다. 슬기로운 사람은 인내로써 노력을 연장하고 인내로써 감정을 절제한다. A. 제임스_{A. James} 부인은 "슬기로운 자의 가치 있는 경쟁은 자신과의 경쟁뿐이다"라고 하였다. 그 경쟁에 필요한 힘이 바로 인내인 것이다.

인내를 생활 철학으로 삼자. 어두운 땅을 뚫고 바위틈을 지나 광명을 찾는 저 샘물을 보라. 아름답고 풍요로우며 보람 있는 사회를 이루기 위해 인내를 무기로 오늘의 고통을 다스리자. 산 넘어 평탄한 길이 있고, 먹구름 뒤에 찬란한 태양이 있듯이 인내의 길은 험하나 그 뒤에는 낙원이 기다리고 있을 것이다.

실패

실패를 두려워하지 않는 소망

> 1,200번 실패한 것이 아니라
> 1,200번 가지고는 되지 않는다는 사실을
> 발견한 것뿐이다_에디슨

인간의 능력은 나름대로 한계를 지니고 있으며 또한 주변의 상황과
도 마찰을 빚을 수 있다. 모든 일에서 성공의 가능성과 함께 실패의
가능성도 따르게 마련이다. 그러나 비록 소망한 일이 실패로 끝났
다 할지라도, 실패하였다는 이유 하나만으로 자포자기하여 더 이상
의 소망을 품지 않는 것은 스스로 나약함을 인정하는 것이나 다름
없다.

실패를 슬기롭게 극복하고 새로운 소망을 키우는 것이야말로 인
간을 가장 아름답게 만드는 태도이다. "오늘 실패하여도 내일 다시
일어설 수 있다"는 굳은 각오와 결연한 의지를 갖게 될 때, 인생의

화로에 새로운 소망의 불을 지필 수 있다. 소망을 부활시키지 않는 한, 미래의 성공은 '나'의 것이 될 수 없다.

과학자 토마스 에디슨$_{Thomas Alva Edison}$ 은 백열등을 발견하기 위한 작업에 매진하면서 무려 1,200번의 실패를 경험했다고 한다. 우리의 안방을 밝혀 주는 그 백열등은 에디슨의 1,201번째의 시도 끝에 마침내 환한 빛을 뿜어 낼 수 있었다. 어떤 사람이 "1,200번째 실패하였으니 이제 그만 포기하라"고 권하였을 때, 에디슨은 "1,200번 실패한 것이 아니라 1,200번 가지고는 되지 않는다는 사실을 발견한 것뿐이다"라고 말했다는 것이다.

결국 에디슨은 무수한 실패를 실패로 받아들이지 않고 최종의 완성을 위한 준비과정으로 받아들였기 때문에 성공을 거둘 수 있었다. 언젠가는 반드시 백열등의 발명을 완수하고야 말겠다는 불굴의 의지가 없었다면 그는 순간의 실패를 패배로만 받아들여 자신의 소망을 포기하고 말았을 것이다. 그러므로 소망을 실현하기 위해서는 실패를 두려워하지 않는 용기를 가져야 한다. 두려움이야말로 인간의 의지를 구속하는 감옥이며, 용기야말로 우리를 소망의 하늘로 인도하는 날개와 같다.

소망을 잃지 않는 사람은 어떤 절망적 상황에 처하더라도 성공의 가능성에 대한 믿음을 확고히 간직한다. 소망이 있기 때문에 현재의 시련을 인내할 수 있고, 소망이 너무도 소중하기 때문에 담대한 마음을 지닐 수 있는 것이다. "소망 가운데서 구원을 받았다 _{롬 8:24}"는 성경말씀처럼, 악조건 속에서도 소망을 향해 달려가는 자들에게 인생의 승리가 보장될 것이다.

교육

나와 평생 동행하는 '배움'

인간을 만드는 것은 교육이다_J. 코던

교육은 미숙하고 불완전한 인간을 성숙한 인간으로 발전시킨다. "인
간을 만드는 것은 교육이다"라는 J. 코던의 말처럼 인간 형성, 인격
형성은 교육을 통해서 이룩된다. 인간은 누구나 교육을 통해 서로 협
동하며 봉사하는 것을 배워야 한다. 애국 애족, 인류애, 용기, 충성,
예절, 우애, 정조의 미덕을 익혀야 한다. 그리고 교육을 통해 모범적
인간, 인간다운 인간이 되어야 한다.

 모범적 인간이란 공부를 잘하거나 머리가 좋다는 것보다 성품이
의롭고 어진 사람을 말한다. 높은 지위에 오르거나 출세를 하는 것보
다 모든 사람을 위해 선한 일을 찾아서 하는 사람을 말한다. 모범적
인 인간이 되기 위해서는 평생토록 배워야 한다.

배운다는 것은 즐거운 일이다. 배우는 데는 연령, 돈, 지위 그 어떠한 것도 문제가 될 수 없다. 배우지 않고는 다른 사람의 귀감이 될 수 없다. 어려서부터 읽기, 쓰기, 셈하기, 음악, 체육, 윤리교육 등 기초교육을 바르게 배우며 자라야 한다. 잘 놓인 기초 위에 이웃과 조국 그리고 인류를 알고 이를 위하여 봉사하려는 강한 의지와 정신을 배우고 쌓아야 한다.

루소J. Rousseau 는 "교육은 각 개인의 개성을 발전시키며 사회를 위하고 사회와의 관계를 잘 맺어야 한다"라고 하면서 교육의 양면적 성격을 중요시하였다. 교육은 인성 형성뿐만 아니라 사회 공헌을 위해서도 중요한 역할을 담당한다.

이러한 교육은 학교뿐만 아니라 가정과 사회를 통해서 실행되어야 한다. 인간은 교육을 받음으로 삶을 보다 의미 있고 아름답게 그리고 풍요롭게 할 수 있다. 성경에서도 "너희 자녀들에게 잘 가르치되 너희가 집에 앉아 있을 때나 길을 걸을 때나 누울 때나 일어날 때 그들에게 말해 주라신 6:7"고 교육의 중요성을 피력하고 있다. 개인 하나하나가 교육을 통해 성숙한 인격을 갖추어야만 살기 좋은 사회가 건설될 것이다. 예로부터 이러한 모범적 인간들이 세운 나라를 '살기 좋은 나라', '지상천국'이라 하였다

배움 1

배움의 길

내가 궁핍하므로 말하는 것이 아니라 어떠한 형편에든지
나는 자족하기를 배웠노니 나는 비천에 처할 줄도 알고
풍부에 처할 줄도 알아 모든 일
곧 배부름과 배고픔과 풍부와 궁핍에도 처할 줄 아는
일체의 비결을 배웠노라_빌립보서 4:11-12

인간에게 있어서 배우지 않고 아는 것은 동물적 본능 이외에는 찾아볼 수 없다. 말하고 행동하고 사고하는 것은 배움의 산물이다. 인간이 얼마나 자신의 목표를 실현하고 보람과 행복의 길을 걷느냐 하는 것은 배움에 달려 있다.

성리학을 집대성한 주자朱子는 "오늘 배우지 않고 내일이 있다고 말하지 말며, 올해 배우지 않고 내년이 있다고 말하지 말라"고 하였다. 배움은 인간을 만들고 인생의 성공을 결정짓기 때문이다. 인간은 누구나 어떠한 형태로든 배움의 길을 걷게 된다. 그러나 배움을 추구하는 데는 많은 어려움이 따른다. 시간과 노력을 투입해야하고, 경제적인 면에서 후원이 있어야 한다. 누구에게 어떤 것을 배우느냐에 따라 인생의 성공과 실패가 결정되고, 행복과 불행의 명암이 엇갈리게 된다.

자신의 노력만으로도 어려운 것이 배움의 길이다. 그렇지만 배움의 과정에서 여러 가지 어려움을 극복하지 않고서는 지성과 인격을 도야할 수 없다. 역설적인 말이지만, 진정한 배움의 길은 배움을 가로막는 요인들을 슬기롭게 이겨내는 방법을 배우는 데서 열리게된다. 그러므로 사도 바울은 "내가 궁핍하므로 말하는 것이 아니라어떠한 형편에든지 나는 자족하기를 배웠노니 나는 비천에 처할 줄도 알고 풍부에 처할 줄도 알아 모든 일 곧 배부름과 배고픔과 풍부와 궁핍에도 처할 줄 아는 일체의 비결을 배웠노라_{빌 4:11-12}"고 하였다. 수많은 난관을 무릅쓰고 배움의 길을 간다는 것은 인생의 교훈을 하나 더 얻는 것이며, 어떠한 세파라도 헤치고 나아갈 수 있는강한 의지를 키우게 되는 것이다.

중국 진_晉나라 시절 차윤_{車胤}이라는 사람은 집이 가난하여 여름날반딧불을 비춰서 책을 읽었으며, 손강_{孫康}이라는 사람은 겨울의 눈_雪빛으로 글을 읽었다고 한다. 그리하여 어려움을 극복하고 배워 출세한 경우를 일컬어 '형설지공_{螢雪之功}'이라 하게 되었다. 재산은 모두잃을 수 있지만 배움은 상실되는 것이 아니다. 이러한 배움은 인생의 새 길을 개척하는 기초가 된다. 배움을 통한 성공의 여부는 얼마나 참고 견디느냐에 달려 있다. 큰 목표를 세우고 꾸준히 배움의 길을 간다면 결국엔 영광의 면류관을 쓰게 될 것이다.

배움 2
모든 환경을 통한 배움은 나의 자원

착한 사람에게서는 그 착한 것을 배우고
악한 사람에게서는 그 악함을 보고
자신의 잘못된 성품을 찾아 뉘우칠 수 있는 기회로 삼으니
착하고 악한 사람이 모두 내 스승이다_공자

배움은 사람만이 갖는 귀중한 재산이다. 아무리 배불리 먹고 좋은
옷을 입고 편히 산다 해도 배움이 없으면 짐승과 다를 것이 없다.
그래서 모든 사람이 다소 남루하고 궁핍할지라도 열심히 배우려고
한다. 우리는 주위에서 흔히 돈을 벌거나, 좋은 직장을 얻거나 출세
하기 위하여 배우는 사람을 본다. 그러나 배움의 궁극적 목표는 올
바르게 살고 덕스럽게 사는 데 있다. 무엇보다 먼저 인간으로서 배
워야 할 것은 창조적인 태도, 강인한 의지, 따뜻한 사랑과 봉사의
정신이다. 사람을 존귀하게 여기는 것도 배워야 한다.

사람은 배움이 없이는 인생을 깨닫지 못하고 깨닫지 못하면 사람 구실을 못한다. 옛 성현의 말씀대로 '무지가 죄'라고 한다면 이와 반대로 '배움은 곧 선'이라 말할 수 있다. 배우기 위해서는 겸손해야 하고 무엇이라도 배우겠다는 마음의 자세가 필요하다. 벼는 익을수록 고개를 숙이듯 배움이 많으면 많을수록 신중하고 예의바른 사람이 된다. 배움에 몰두하면 힘이 생기고 심오한 진리를 깨닫는다. 언제나 희망에 차고 정신은 늘 깨어 있다. 배움을 통해서 넓은 아량을 갖게 되고 매사에 신중하게 일을 처리함으로써 지속적인 발전을 이루게 된다.

공자孔子는 "착한 사람에게서는 그 착한 것을 배우고 악한 사람에게서는 그 악함을 보고 자신의 잘못된 성품을 찾아 뉘우칠 수 있는 기회로 삼으니 착하고 악한 사람이 모두 내 스승이다"라고 하였다. 착한 사람에게 선행을 배우자. 악한 사람으로부터 악이 무엇인가를 배우고 악을 피할 수 있는 지혜를 얻도록 하자. 가까운 주변에서부터 배움의 자료를 얻고 점차 확대하여 세계의 경험과 교훈을 배우자. 모든 환경이 배움의 장소이며 언제나 배움의 시간은 우리 곁에 있는 것이다. 성경에서도 "또 우리에게 속한 사람들도 절실히 필요한 것을 마련하기 위해 그리고 열매 없는 사람들이 되지 않기 위해 선한 일에 몰두하기를 배워야 한다딛 3:14"고 하였다. 인간은 날마다 새로운 것을 배우기를 멈추지 않아야 한다. 사회는 나날이 변화하고 있기 때문에 사회를 이해하고 이에 적응하기 위해서는 날마다 땀 흘려 배워야 한다. 배우는 데에는 나이, 성별, 환경의 차등이 있을 수 없다.

학문,
생각과 동행하는
학문의 길

논어

학문은 인간을 아는 길

가치 있고 더 행복한 삶을 누리려면 보고 듣는 단순한 지식의 차원을 넘어서 심오한 학문을 접해야 한다. 학문은 진리를 "배우고 확신하는 과정 딤후 3:14 "이다. 학문은 진리의 전당일 뿐만 아니라 인류 역사의 흐름 속에 지식인들이 사색하고 연구하고 실천한 사항들을 집대성한 위대한 업적이라고 볼 수 있다.

인간은 학문을 통해서 인격을 키우며 사회를 살아가는 지혜를 얻는다. 학문은 몸을 바르게 하고 정신을 밝게 하고 거짓 없는 행동을 취하게 한다. 연약한 자에게는 힘을 주고, 어리석은 자에게는 영리함을 주며, 가난한 자에게는 풍요함을 준다. 학문은 사색의 근원이며, 꿈의 고향이며, 무한한 행복의 터전이다. 그러나 학문의 길은 평탄한 대로가 아니다. 고통과 회의와 권태를 동반하는 험난한 길이다. 그 길을 인내와 노력으로 극복하는 자에게만 희망의 세계를 정복할 수 있는 권한이 주어진다.

『논어』에서 학문은 "인간을 아는 길"이라고 하였다. 학문을 통해서 자기 자신과 다른 사람을 알고 과거와 현재와 미래로 이어지는 인간의 참 모습을 통찰해야 한다. 학문의 길은 배우고 생각하고 실천하는 것이다. 학문을 하려면 먼저 왜 학문을 해야 하는지 그 가치관과 목적부터 정립해야 한다. 그리고 학문의 과정 속에서 얻은 지식을 비판적으로 검증하면서, 올바르고 유용한 지식을 바탕으로 가치관 실현에 힘을 쏟아야 한다. 스스로 터득한 것이 아니면 잃기 쉽고 노력 없이 얻어진 지식은 진가를 느끼기 어렵다.

노자는 배움과 물음이 사물을 완전히 아는 근본이라고 하였다. 알려고 노력하는 것은 아는 것을 자랑하는 것보다 훌륭하다. 안다는 것 자체가 중요한 것이 아니라 알려고 애쓰는 것이 더 중요하다. 배우고 깨달음에 무한한 즐거움을 느낄 수 있어야 한다. 그리고 깨달았으면 이를 실천에 옮겨야 한다. 학문의 세계를 거닐면서 실천을 미덕으로 삼는 사람은 인생에 통달한 사람이며 행복의 의미를 아는 사람이며 진정 지도자가 될 수 있는 사람이다.

지성

지성의 요람 스크랩북

> 스크랩북에서는 생활인의 은은한 지혜를 만날 수 있고,
> 애환 어린 역사의 발자취를 만져 볼 수 있다.

스크랩하는 마음에는 하나의 아름다운 질서가 형성된다. 참고가 될
만한 유익한 칼럼을 오려낼 때마다 마음은 비옥한 결실로 풍성해
진다. 신문은 만신창이가 되어 울상을 짓고 있지만, 스크랩북은 차
곡차곡 부피를 더해 가며 그 무엇과도 바꿀 수 없는 지성의 환희를
나에게 안겨 준다.

　스크랩북은 학창시절 '나'의 재산 목록 제1호이다. 이따금 정신
이 스산하고 마음이 무거워지는 시간에 스크랩북을 펼쳐 넘기면
그 매캐한 갱지 내음과 활자의 기름 내음이 후각을 자극하여 야
릇한 향수마저 불러일으켜 준다. 눈길이 닿는 글을 읽게 되면 어
느덧 심신의 피로는 맑게 씻기고, 그 무거웠던 정신은 평화의 날

개를 펼친다.

스크랩의 대상에는 제한이 없다. 신문, 잡지의 사설과 문화칼럼, 사사평론, 서평 등이 스크랩북의 텃밭을 빛내 주는 꽃송이가된다. 한 번 손을 댄 신문은 군데군데 사정없이 상처를 입고 파지_{破紙}가 되지만, 신문의 희생으로 태어난 스크랩북은 시간의 한계를초월하는 지성의 보고_{寶庫}가 되어 지금까지도 살아 숨 쉬고 있다.

인간의 기억력엔 한계가 있기 때문에 의미 깊은 기억을 좀 더 오랫동안 간직하기 위하여 스크랩이 필요하다. 스크랩을 일상의 한부분으로 삼으려면 인내와 정성을 기울여야 한다. 스크랩 대상으로체크된 신문의 앞뒤 쪽이 겹칠 때 어느 기사를 희생시킬 것인지의여부는 진지한 생각과 객관적 평가가 있은 뒤에야 결정된다.

연재 중이던 고정 칼럼을 접하기도 전에 신문이 행방불명되는날이면, 그날의 감정은 이루 말할 수 없을 만큼 서글퍼진다. 결국신문사에 연락하거나 또는 도서관의 정간실에서 지나간 자료를 복사하기도 하고 손수 필사하기도 한다.

스크랩북이라는 이름으로 만들어진 다양하면서도 아름다운 지성의 요람, 그곳엔 시와 수필이 있고, 정서가 있고, 인간의 사랑스런대화가 담겨 있다. 권태를 씻어 줄 샘물이 흘러넘치고, 원시림 속의전설이 무르익는다. 일상의 생활에서 우러나오는 생활인의 은은한지혜를 만날 수 있고, 애환 어린 역사의 발자취를 만져 볼 수 있다.

자연

대자연의 넓은 품속에서 사색을 즐김

진리에 가까이 다가가려면 우주와 대자연 속에 배움의 터를 정해야 한다

현자는 자연의 순리대로 살아 마음의 평화를 얻으나 어리석은 자는 자연에 반항하다가 마음의 평화를 잃는다. 자연에서 배우고 생활하는 자는 개인의 욕망을 절제하는 법을 터득하여 안식을 얻는다. 자연과의 친화 속에서 진리 탐구의 목적도 이룰 수 있다. 그러나 자연의 순리를 거역하면서까지 개인의 욕심을 실현하고자 한다면 유익도 안식도 얻지 못할 것이다.

진리에 가까이 다가가려면 우주와 대자연 속에 배움의 터를 정해야 한다. 그 속에서 자연과 인간의 관계를 생각하며 모든 생명체들의 근원에 대해 숙고해 보아야 한다. 대자연의 넓은 품속에서 사색을 즐긴 인물들이 결국엔 큰 진리를 깨닫고 인류문화의 발전에 공헌하는 바가 컸다. 이것은 역사를 통해서도 드러나는 사실이다. 역사에 기록된 위인들뿐 아니라 인간이라면 누구든지 자연의 혜택을 입지 않은 자가 없는 것이다.

그러나 현대인들은 과학기술을 무절제하게 남용하여 자연 생태계를 파괴하고 있다. 따라서 자연은 본래의 생명력을 상실해 가고 있으며, 인간에게 낯선 존재로 변해 가고 있다. 현대인들은 기계문명의 편리함에 매혹되어 자연의 소중함을 잊어버리고 있다. 관념속에서만 자연의 순수성을 인정할 뿐, 실제로는 자연 파괴를 더욱 앞당기고 있다. 이로 인하여 자연과 인간의 거리는 점점 멀어져 가고 있다. 오염된 자연 때문에 인간의 생명까지도 위협받는 상황에 직면하고 있다.

이 모든 폐단은 자연이 인간생명의 원천이라는 사실을 망각한 데서 오는 결과이며, 자연의 은혜를 저버린 대가인 것이다. 일찍이 루소Rousseau 는 『에밀』에서 "자연으로 돌아가라"고 부르짖은 바 있다. 자연과 인간의 조화 속에서 인간의 참된 행복을 찾을 수 있으며, 반면에 자연을 인간의 삶에서 소외시키거나 일방적인 이용의 대상으로 삼을 때 인간의 불행이 찾아옴을 뜻하는 것이다.

자연에서 분리된 인간은 육체적 건강과 함께 정신적 건강을 상실하게 된다. 인간사회에서 사랑이 메마르고 극단적 이기주의가 만연하는 것은 자연에서 정서를 공급받지 못하기 때문에 나타나는 현상이다. 그러므로 황폐해진 자연을 아름다운 옛 모습으로 되돌리는 노력을 통해서 인간의 생활환경과 정서적 환경을 보전해야 한다. 생명에 대한 경외심을 부활시키고 인간과 자연의 조화를 회복할 때 비로소 낙원으로 향하는 길이 열리게 될 것이다.

'나'에게로
향하는
사색의길

건강

01 인생의 버팀목

건강과 지성은 인생의 두 가지 복이다_메난드로스

건강은 인간의 생명을 유지케 하는 기본적 요소이다. 건강한 육체
에서 건전한 정신이 싹트고 건강한 사람만이 진정한 행복과 보람을
느낄 수 있다. 아무리 명석한 두뇌를 가지고 있다 해도 건강을 잃으
면 좋은 일을 할 수 없다.

 건강을 잃으면 인생의 낙오자가 된다. "돈을 잃으면 인생의 작은
것을 잃고, 명예를 잃으면 인생의 큰 부분을 잃어버리며, 건강을 잃
으면 인생의 전부를 잃어버린다"는 말이 있지 않은가? 그리스의 희
극 작가 메난드로스Menandros 는 "건강과 지성은 인생의 두 가지 복이
다"라고 하였다. 건강이라는 복을 잃는다면 지성이라는 복도 함께
잃어버리게 된다는 사실을 깨달아야 한다. 건강을 소중히 여겨 스

스로 지키고자 노력하는 사람에게만 건강은 하나님의 선물로 주어지게 된다.

선천적으로 튼튼한 체력을 타고났다고 해도 건강의 가치를 인식하지 못하고 과음, 과로 등으로 몸을 학대하면 결국 건강을 잃고 만다. 약한 체질로 태어났다고 해도 절제하는 생활을 통해서 운동을 규칙적으로 진행해 나가면 건강을 유지할 수 있다.

'나'는 건강을 이끌어 나가는 자기 몸의 운전사이다. 몸은 생을 다할 때까지 '나' 자신을 짊어지고 나아갈 운반도구임을 명심해야 한다. 건강을 잃은 자는 가고 싶은 곳이 있어도 갈 수 없고, 하고 싶은 일이 있어도 할 수 없다.

현대의 의술은 날로 발전하고 새로운 약품이 꾸준히 발명되고 있는데 반비례적으로 환자는 계속 늘어가고 있다. '나'만 건강하면 그만이라는 생각은 모두의 건강을 해치는 결과를 가져온다. 다른 사람까지 배려하는 새로운 윤리관을 확립해야 한다. 모두가 공해가 심해지지 않도록 주의를 기울여야 하겠고, 휴지도 함부로 버리지 않는 공중위생에 유의해야 하겠다. 어느 곳을 가든지 신선한 공기를 호흡할 수 있고 물을 마실 수 있도록 환경을 조성하는 데 힘쓰면서 자신의 건강을 지키려고 노력할 때, 모든 이에게 만복을 가져다 줄 건강의 선물이 허락될 것이다.

시간 1

창조적 시간 관리

> 만일 네가 네 인생을 사랑한다면 시간을 사랑하라
> 왜냐하면 인생은 시간으로 구성되어 있기 때문이다_벤자민 프랭클린

우리는 시간 속에서 살아가고 있다. 흔히 "시간은 화살같이 날아간다"고 말한다. 그러나 시간은 속도를 조절할 수 없으며 어디로 날아가는 것도 아니다. 시간은 우리가 어떤 목표를 향해 그 나아가는 곳에 함께 존재한다. 시간이 우리의 곁을 떠나가는 것이 아니라, 우리가 숱한 시간의 틈 사이로 여행하며 전진하고 있다. 살아 있기 때문에 시간의 틈 사이를 넘나들며 목표만을 바라보고 나아가는 것이다.

내가 아무 활동도 하지 않을 때 시간의 의미와 가치는 없다. 그러나 내가 활동을 하면 시간 속엔 영과 육의 생명이 가득 차게 된다. 벤자민 프랭클린Benjamin Franklin은 "만일 네가 네 인생을 사랑한다면 시간을 사랑하라. 왜냐하면 인생은 시간으로 구성되어 있기 때문

이다"라고 했다. 생명을 사랑하는 사람은 시간을 아끼고 사랑할 줄 아는 사람이다.

그러나 많은 사람이 어린 시절부터 시간을 사랑하고 아끼는 훈련을 받지 못하였다. 그들에게는 많은 시간이 주어졌지만 효과적으로 사용하는 시간은 얼마 안 된다. 그리고 그들은 입버릇처럼 시간이 없다고들 말한다. 참으로 안타까운 일이다. 삶의 기쁨과 보람과 새로움이 없는 것은 시간을 소중히 여기는 정성이 부족하기 때문이다. 지금부터라도 시간을 창조적으로 관리하기 위해서는 다음과 같은 질문을 스스로 해야 한다.

첫째, 나는 목표달성을 위해 시간을 잘 사용하고 있는가?

둘째, 나는 이웃의 유익을 위해 시간을 얼마나 사용하고 있는가?

셋째, 나는 하나님께서 원하시는 일에 시간을 얼마나 사용하고 있는가?

하나님은 인간에게 시간에 대한 자유와 책임을 주셨다. 그것은 곧 무한한 가능성을 의미하는 것으로 여기에 창조가 있고 행복이 있다. 우리는 가장 먼저 하나님의 뜻이 무엇인지를 분별하고 그 뜻에 따라 목표를 정하여 시간을 사용해야 한다. 찰스 쉬드는 "하나님이 세상과 세상에 있는 모든 것을 창조하셨기 때문에 모든 시간도 하나님에게 속한 것이다"라고 말하면서 "우리들의 의지를 하나님께 굴복시키고 하나님의 목적에 합당하게 쓰이도록 구하는 것이

72

가장 가치 있는 삶이다"라고 하였다. 그러므로 그리스도인에게 있어서 창조적인 시간 관리는 하나님의 시간을 관리하는 것이다. 그것은 혁신적인 생활이며 거듭남의 생활이다.

성경은 우리에게 "부지런하여 게으르지 말고 열심을 품고 주를 섬기라 롬 12:11"고 하였다. 특별히 젊은이들은 시간의 양보다 질에 우선을 두어야 한다. 양적으로 오래 사는 것이 아니라 질적으로 어떻게 사느냐가 삶의 목표가 되어야 한다. 최적의 시간을 목표 달성에 집중적으로 사용해 보자.

시간 2

시간의 청지기

시간을 선택하는 것이 시간을 절약하는 것이다_프랜시스 베이컨

시간을 아껴서 사용해야 한다는 말은 고대의 시절부터 현자_{賢者}들이 항상 강조해 온 말이다. 이것은 인간이 실생활에서 낭비하는 시간이 많다는 것을 의미하기도 한다. 잠에서 깨어나 무의미하게 누워 있는 시간, 아무런 생각 없이 우두커니 앉아 있는 시간, 할 일 없이 집안을 배회하는 시간, 텔레비전 속에 사로잡혀 사색이 멈추어버린 시간 등 실제로 우리가 허비하는 시간은 이루 헤아릴 수 없을 만큼 많다. 무의미하게 흘러가 버리는 시간은 삶 속에 게으름을 심어 놓고, 인간의 미래를 불행으로 이끌며, 불의와 부정을 낳기도 한다.

역사상 훌륭한 위인들은 자기에게 주어진 1분 1초를 아껴 목표 달성을 위해 열심히 노력한 사람들이었다. 오늘이 지나면 오늘은 다시 오지 않는다. 우리는 이를 교훈 삼아 일상생활에서 어떻게 하면 시간을 아껴 잘 사용할 수 있을 것인지를 생각해 볼 필요가 있다.

시간은 나를 기다려 주지 않는다. 잃어버린 시간, 날아가 버린 시간, 빼앗긴 시간은 영원히 돌아오지 않는다. 프랜시스 베이컨Bacon, Francis 은 "시간을 선택하는 것이 시간을 절약하는 것이다"라고 말하였다. 이것은 시간의 선용善用에 대한 교훈이라 할 수 있다. 그렇다면 가장 보람 있게 시간을 보내는 길은 무엇일까? 보람 있는 시간이란 평화를 위해 노력하는 시간, 남의 어려움을 도우며 선을 행하는 시간, 내 감정을 다스리는 시간, 나의 재능을 연마하고 숙련하는 시간들이다. 이러한 시간이야말로 우리 인생에 얼마나 아름답고 유익한 것인지 모른다. 내가 이 시간에 어떻게 행동하느냐에 따라 행복과 불행, 성공과 실패는 결정된다.

한 번 지나쳐 버린 시간은 저장할 수도 없고 다시 체험할 수도 없다. 그러므로 시간은 그때마다 자기의 필요에 따라 선용하는 사람의 재산이다. 만일 시간을 생산적이고 창조적으로 사용하지 않는다면 그것은 우리에게 아무런 의미도 없는 껍데기에 불과할 것이다. 그래서 모세는 "우리가 인생을 바로 셀 수 있도록 가르치소서. 그래야 우리가 마음에 지혜를 담게 될 것입니다시 90:12"라고 기도했다. 시간을 허비하지 않고 하나님의 뜻을 위해 사용하려는 의지를 표명한 것이다. 만약 우리가 '날'을 사용하는 과정 중에 꼼꼼하게 시간을 아낀다면 연수年數는 당연히 귀중하게 사용될 것이다. 어니스트 헤밍웨이Hemingway, Ernest Miller의 말처럼 "시간은 우리가 갖고 있는 것 중의 가장 적은 것"임을 잊어서는 안 된다. 촌음을 아껴 내가 발전하고 가정이 행복해지고 인류가 번영하는 일에 전력을 기울여야한다.

새 사람

돛대를 향해 전진

인생의 항해에서 험한 파도를 만난다 해도
영혼 깊은 곳에 믿음, 소망, 사랑이 살아 있는 자는
결코 파도를 두려워하지 않는다.

"새 술은 새 부대에 담으라_{마 9:17}"는 말도 있듯이 새 사람에 의하여 새로운 삶이 창조될 수 있다. 한 사람의 새로운 창조자가 나오면 가정과 사회와 국가가 달라질 수 있고 인류 사회도 새로워질 수 있다. 누구나 이 세상에 태어나서 많은 일을 계획하고 또 미래에 해야 할 일도 많지만 그 중에서 자기를 발견하고 관리하는 일에 더욱 관심을 가져야 한다.

진정 스스로 자기를 조절하고 통제할 수 있는 관리자만이 큰 뜻을 세우고 큰일을 할 수 있다. '나는 무엇을 할 수 있는가?', '나는 무엇을 위해 살아야 하며, 어떻게 살아야 하는가?', '주님의 뜻을 어떻게 실현해야 하는가?' 이와 같은 물음이 계속 제기되어야 하며 이 물음에 대한 정확한 대답이 자기 나름대로 나와야 한다. 육십 평생을 살아도 무엇 때문에 살았으며 어떻게 살았는지를 모른다면 얼마나 허무하겠는가?

우리는 하루를 살아도 의미 있게 살아야 한다. 또한 사는 목적과 방법이 분명해야 한다. 인생의 분명한 푯대를 정해놓고 열심히 전진하는 사람은 밤잠을 설쳐도 피곤하지 않다. 그 사람은 땀에서 배어 나오는 기쁨의 의미를 알기 때문이다. 하나님은 가만히 앉아 있는 사람에게는 결코 복을 주시지 않는다.

인생의 항해에서 험한 파도를 만난다 해도 영혼 깊은 곳에 믿음, 소망, 사랑이 살아 있는 자는 결코 파도를 두려워하지 않는다. 결국 목표를 세우고 목표 실현을 위해 정진하며 이를 통해서 다른 사람에게도 유익을 줄 수 있는 삶을 사는 사람이 새로운 창조자이다. 이것이 곧 생활 개혁, 정신 개혁, 신앙 개혁이며 기적을 이루는 것이다. 그렇다면 이 같은 기적의 실현을 어떻게 체험할 수 있겠는가?

첫째, 매일 성경을 읽어야 한다. 날마다 반복되는 말씀 묵상을 통해서 개혁의 능력을 갖추게 된다. 하나님을 바로 알면 그분께서 주시는 능력을 한없이 받을 수 있기 때문에 기적을 체험할 수 있다.

둘째, 예수 그리스도를 믿어야 한다. 예수 그리스도를 나의 구주로 영접할 때 기적은 일어난다. 나는 아무것도 할 수 없으나 "내게 능력 주시는 자 안에서 내가 모든 것을 할 수 있느니라_{빌 4:13} "는 확신을 가져야 한다. 날마다 하나님의 일을 생각하고 하나님의 은혜로 살면서 힘을 얻어야 한다.

기회

기회를 포착

현명한 자는 그가 발견하는 이상의 많은 기회를 만든다_프랜시스 베이컨

기회란 어떤 일이나 행동을 하는데 가장 알맞은 시기를 뜻한다. 대부분의 사람은 무슨 일을 하고 싶어도 기회가 없다고 하면서 불평한다. 또한 일생 동안 한두 번의 기회가 찾아온다고 하면서 막연히 기다리는 사람도 있다. 참으로 어리석은 일이다.

기회란 가만히 앉아 있는 사람에게 찾아오는 것이 아니다. 자기 의지에 따라 필요 적절한 때에 기회를 만들어야 한다. 만들어진 기회는 얼마든지 선용할 수 있어 그 성공률도 높다.

기회란 우연히 주어지는 것이 아니고 누구에게나 제공되는 것도 아니다. 어떤 위대한 목표를 이루기 위하여 자기 스스로 붙잡는 것이다. 기회는 순간적으로 달아나기 쉽다. 누구나 좋은 기회가 없었던 것이 아니다. 오로지 그것을 포착하지 못했을 뿐이다. 기회를 붙잡은 사람은 어떠한 일에도 싫증을 내지 않고, T. 풀러_{T. Fuller}의 말처럼 "그 기회를 행운으로 바꾸기 위해" 땀을 흘린다.

종교개혁자 마르틴 루터_{Martin Luther}는 새벽 4시가 넘어 일어난 적이 없다고 한다. 그는 다른 사람들보다 하루에 2~3시간을 더 일한 사람이다. 그런 사람의 하루는 24시간이 아니라 25시간 이상이라고 말할 수 있는 것이다. 결국 위대한 성공자는 자기의 시간을 만들어 사용한 사람들이다. 기회를 만들고 포착한 사람들이다. 일찍이 웨이마우스_{Weymouth}는 "기회를 사라. 왜냐하면 시간은 기회이며 그 속에 주의 깊게 계획된 삶의 중요성이 있기 때문이다. 만일 우리가 경제적으로 시간을 쓴다면 우리는 살아가는 법을 배울 것이다. 만일 여기서 우리가 실패한다면 우리는 어느 곳에서나 실패한다"고 경고하였다.

기회는 항상 가까이 있다. 흔히 좋은 조건만이 성공할 수 있는 기회라고 생각하나 기회는 좋고 나쁜 것을 가리지 않는다. 인생의 모든 분야에서 기회를 만들고 붙잡으면 성공할 수 있다. 노력 여하에 따라 기회는 모든 것을 가능하게 한다. 우리는 때때로 내가 붙잡지 못한 기회를 다른 사람이 잡아서 성공하는 것을 보게 된다. 아무리 힘에 겹더라도 공부할 수 있을 때에 열심히 공부하고, 일할 수 있을 때에 힘껏 일해야 한다. 그렇지 않으면 발전과 성장의 기회를 놓치게 되고 나중에 후회해도 아무 소용이 없다.

"모든 것에는 시기가 있고 하늘 아래 모든 일에는 목적에 따라 때가 있으니 전 3:1"라는 성경말씀처럼 인생의 결실을 거둘 수 있는 기회는 성실한 노력을 통해서 찾아온다. 목표를 향해서 묵묵히 최선을 다할 때 기회는 주어지며 그 기회는 우리를 성공의 길로 안내할 것이다.

편견
편견에 사로잡히지 않음

편견이란 모든 어리석음 중의 으뜸이다_볼테르

어떤 물체든 단면으로만 이루어진 것은 없다. 모든 사물과 물건은 입체로 형성되어 있고 내부와 외부가 있다. 사회 현상도 마찬가지이며 인간도 예외는 아니다. 그러나 사람은 흔히 일면 밖에는 보지 못하는 경우가 많으며, 외형만을 보고서 판단하기 십상이다. 우리가 특정한 존재 또는 현상을 바라보는 안목에 있어서 어느 일면만을 보고 전체를 판단하는 것을 편견이라 한다.

편견 또는 선입관에 사로잡히면 사리를 분별할 수 없으며 모든 일을 성공적으로 마무리 할 수 없다. S. 존슨 S. Johnson 은 "편견에 사로잡히면 항상 약하게 된다"고 하였다. 편견만큼 무서운 질병은 없다. 자기 자신을 파멸시킬 뿐만 아니라 다른 사람을 소외시켜 사회를 혼란 상태로 몰아넣는다. 그러므로 18세기 계몽사상가 볼테르_{Voltaire}는 "편견이란 모든 어리석음 중의 으뜸이다"라고 하였다. 어리석은 자는 언제나 편견을 정당한 것으로 생각하기 때문이다.

편견은 무지의 소산이며 경솔한 행위의 원천이다. 인간은 자신의 생각과 판단에 편견이 있을 수 있다는 것을 염두하고, 다른 사람의 조언과 비판에 귀를 기울여야 한다. 명심보감에도 "한 편의 말만 들으면 친한 사이가 멀어지기 쉽다"고 하였다. "예수 그리스도를 믿는 믿음을 겉모습으로 판단하지 마십시오_{약 2:1}"라는 말씀에서 보듯이, 사람의 겉만 보지 말고 속을 통찰해야 한다. 눈앞의 상황만 보지 말고 앞으로 미치는 파장을 예측해 보아야 한다.

세밀한 관찰과 주의 깊은 사려를 통해서 편견으로부터 벗어날 수 있다. H. D. 도로우는 "편견을 버린다는 것은 언제라도 결코 늦지 않다"고 하였다. 편견으로부터 벗어나는 길은 다른 사람의 행동을 인생의 거울로 삼는 것이다. 다른 사람의 행동을 세심하게 관찰하고, 그가 말하는 것을 종합적으로 경청할 수 있어야 하며, 모든 것을 객관적으로 공정하게 판단하려는 의지가 있어야 한다.

자신의 생각이 편견이라고 판단되면 그 사실을 다시 한 번 확인하고 과감하게 시정할 수 있어야 한다. 동일한 편견을 두 번 다시 갖지 않아야 한다. 본질을 보고, 다양하게 생각하고, 종합적으로 판단하는 태도를 길러야만 편견의 늪에서 벗어날 수 있다.

근심
근심을 극복하는 힘

너희는 마음에 근심하지 말고 두려워하지 말라_요한복음 14:27

어느 누구든지 근심을 경험하지 않은 사람은 없을 것이다. 근심 없이 살아온 사람이 있다면 그것은 거짓말이다. T. 풀러 T. Fuller 는 "모든 사람의 마음속에는 그 나름대로의 근심이 있다"라고 하였다. 어떤 의미에서는 사람에게 근심이 있다는 것은 살아 있음을 증명하는 것이다.

그러나 영국의 대문호 셰익스피어 Shakespeare 가 "근심은 생명의 적"이라고 역설한 것처럼 근심이 지속되는 한 사람은 행복할 수 없고 즐거움을 가질 수 없다. 근심은 건강에 지장을 주어 생명을 단축시키고, 인간으로 하여금 새로운 창조적인 일에 전념할 수 없도록 만든다. 근심에서 헤어 나오지 못하면, 근심이 더욱 커지고 또 다른 근심이 꼬리를 물며 인간의 정신을 교란시킨다.

설령 근심이 있으면 근심이 커지기 전에 관심의 방향을 다른 곳으로 전환시키는 일이 필요하다. 그렇지 않으면 인간으로서 해결하기에 어려운 절망과 좌절에 빠질 수도 있기 때문이다. 근심을 유발하는 요소는 우리 주변 어디에나 도사리고 있다.

행복의 척도는 부富에 있는 것이 아니라 근심을 이기는 힘이 얼마나 있느냐에 달려 있다. 근심 없이 사는 가난한 삶이 근심에 파묻혀 사는 부자의 삶보다는 가치 있는 것이다. 우화寓話로 널리 알려진 이솝도 "안심하면서 먹는 빵 한 조각이 근심하면서 먹는 잔치 음식보다 낫다"고 말하였다.

근심은 어떻게 극복하느냐에 따라 발전을 위한 약이 될 수도 있고 인생을 파괴하는 독소가 될 수도 있다. 그렇다면 근심을 극복하는 가장 슬기로운 방법은 무엇일까? 근심 자체를 잊어버리는 것이 근심에 대한 처방이며, 부지런히 자기생활에 충실한 태도가 근심을 치유하는 가장 훌륭한 의사이다. 흐르는 물속에 이끼가 낄 틈이 없듯이, 땀 흘려 일하는 자에게 근심이 찾아올 겨를이 없다. 정신에 찾아든 근심은 육체적 활동을 통해서 물리쳐야 한다. 근면한 노동을 통해 근심을 이겨 나갈 때 새로운 삶의 의욕이 용솟음친다.

근심을 근심으로 해결하려는 사람에게 남아 있는 것이란 더욱 큰 근심과 실망밖에는 없다. 근심이 닥쳐와도 언제든지 이것을 이겨낼 수 있다는 의연한 자세를 가져야 한다. 근심으로 인한 시련은 '나'에게 있어서 새로운 진로로 나아가기 위한 진통일 따름이다. "너희는 마음에 근심하지 말고 두려워하지 말라_{요 14:27}"는 성경말씀처럼 내면에 평안을 맞아들일 때, 스스로 행복의 길을 찾을 수 있으며 세상에서 필요한 사람이 될 수 있다.

평화

평화를 추구

그러므로 우리가 화평의 일과 서로 덕을 세우는 일을 힘쓰나니
_로마서 14:19

우리는 문명이 발달할수록 세상은 낙원이 될 것으로 믿었다. 과학 기술이 발달할수록 우리는 결핍과 불편이 없는 유토피아가 건설되리라고 확신하였다. 교육이 향상되면 모든 사람이 보다 착해지고 영리해지며 교양과 예절이 넘쳐흐를 것으로 예견하였다. 특히 종교가 널리 전파되고 보급될수록 사람들의 마음은 어질고 이웃끼리 더욱 화목해져서 땅에는 평화, 하늘에는 영광이 가득할 것으로 믿었다.

그러나 오늘날 인류는 낙원을 건설하기는커녕 오히려 자연을 파괴하고, 스스로 만들어 낸 기계 문명의 위력 앞에서 사랑과 지혜를 상실해 가고 있다. 우리 인간들은 물질적 욕구를 충족시키기 위해 인간성을 부정과 불의 앞에 고개 숙이고 이해타산만을 앞세워 상호

간의 대립 속에 사랑 대신 미움을 키워가고 있다.

이제 우리는 인생의 참뜻과 앞날에 대한 비전을 되찾기 위하여 무엇보다 평화에 대한 인식을 새롭게 해야 한다. 이러한 의미에서 옛 성현들의 가르침을 마음에 깊이 새겨보자. 공자의 인애 사상, 소크라테스의 준법정신, 싯다르타의 고행과 무욕無慾, 예수의 희생과 사랑 등이 오늘날 우리의 삶에 무슨 의미를 주는지 되돌아보자.

평화란 눈물겹도록 소중한 것이지만 욕심 없고 자애로운 마음을 갖지 않으면 이루기 어려운 일이다. 슈바이처와 테레사 수녀와 같이 평화를 위해 살신성인한 위인들은 자신의 모든 것을 포기하였기에 그들의 행함이 더욱 거룩하고 아름답게 빛난다. 그러므로 평화는 하나님의 성품이요, 인간의 삶을 고귀하게 드높이는 진정한 존재 가치이다.

우리는 모든 사욕과 부조리와 퇴폐를 버리고 인간 본연의 자세로 돌아가 서로 돕는 평화로운 인류 사회를 건설하는 데 앞장서야 할 때이다. 성경은 우리에게 "화평을 이루고 서로 세워 주는 일에 힘쓰읍시다롬 14:19"라고 권고하였다. 평화는 다른 사람의 일이 아니라 바로 나 자신의 일이며, 먼 장래의 일이 아니라 바로 오늘의 과제이다. 평화를 구현하기 위한 노력은 민족 간의 우열의식, 인종차별, 계급의식, 배타적 종교관념 등을 없애는 일이다.

이 일은 그리 쉽지 않은 일이지만 세계 모든 사람들이 힘을 합한다면 불가능한 일도 아니다. 평화로운 세계의 건설이 인류의 장래를 결정한다는 전제 하에서 다함께 평화 창조를 위해 슬기를 모으자. 평화를 잃으면 모든 것을 잃고 만다는 사실을 한시도 잊어서는 안 될 것이다.

얼굴
그 묘한 얼굴

> 얼굴의 아름다움은 그 마음가짐에 달려 있으며
> 사람은 그 마음을 닦는 것이 가장 중요하다_라로슈포로우

얼굴은 마음의 표현이다. 라로슈포로우는 "얼굴의 아름다움은 그 마음가짐에 달려 있으며 사람은 그 마음을 닦는 것이 가장 중요하다"고 하였다. 얼굴이 아름답다는 것은 잘생겼다는 것보다는 마음이 착하고 올곧고 온유함을 뜻한다. 마음이 착하다는 것은 가난한 사람을 돕고 어려운 사람의 힘이 되는 것을 말한다. 마음이 올곧다는 것은 교만하지 않고 불의를 기뻐하지 않는 것을 말한다. 마음이 온유하다는 것은 노여워하지 않고 남을 용서하고 이해하며 다투지 않는 것을 말한다.

성경은 마음과 얼굴이 조화롭게 어울리는 사람은 "허물없이 정직하게 살며 마음으로부터 진실을 말하고 남을 모함하지 않는 사람, 이

웃을 해하지 않고 친지를 모욕하지 않는 사람의 얼굴이야말로 고와 보이며 조용해 보이며 평화스럽게 보인다시 15:3-5"고 말한다. 소파 방정환은 어린이를 깨끗한 마음과 얼굴이 일치하는 존재로 바라보면서 다음과 같이 말하였다. "어린이의 얼굴을 보라. 이 세상의 고요하다는 고요는 모두 그 얼굴에서 우러나는 것 같고 이 세상의 평화라는 평화는 모두 그 얼굴에서 우러나는 듯 고요하고 평화롭다."

항상 좋은 생각만 하고 마음과 행실이 깨끗한 사람은 그 얼굴에서 어린이처럼 아름다운 빛이 흘러나오기 마련이다. 남을 미워하고 폭력을 사용하는 사람의 얼굴은 사납고 험상궂다. 그러므로 성경에서도 "악인은 그 얼굴을 굳게 한다잠 21:29"고 하였다. 어둡고 찡그린 얼굴은 항상 우울하고 근심이 가득 차 있는 것처럼 보인다. 거짓으로 맹세하는 삶의 얼굴은 침울하며 답답하다. 부끄러운 일을 많이 한 사람은 그 얼굴을 가리며 얼굴 표정이 굳어져 있다. 영혼이 이미 죽어있기 때문에 이러한 사람들의 얼굴에는 생기와 활력이 없다.

O. W. 홈스O. W. Holmes도 "외모는 사람의 내면을 드러낸다"고 하였다. 선한 사람, 정직한 사람의 얼굴은 항상 밝고 환하다. 누구에게나 좋은 인상을 주기 마련이다. 이처럼 얼굴은 그 사람의 인격을 나타내는 것이므로 항상 우리의 마음을 아름답고 깨끗한 생각으로 채워야 할 것이다.

만족

만족으로 마음의 풍요를 간직

> 만족은 부요, 마음의 풍요이다.
> 그런 풍요를 찾을 수 있는 자는 행복하다_J. 드라이든

인간은 누구나 만족한 생활을 원한다. 만족한 생활이란 물질적으로 풍요한 삶을 누리는 것만이 아니라 정신적으로 안정된 상태에서 감사할 줄 아는 마음의 상태를 말한다. "만족한 마음을 가지면 그것으로 인생을 충분히 즐길 수 있다"는 플라우투스Plautus 의 말에서 알 수 있듯이 만족 그 자체는 마음의 풍요를 의미하며 받은바 자기 몫에 대하여 불평하지 않고 감사하는 태도이다.

"만족은 최선의 재산"이라는 셰익스피어Shakespeare 의 말처럼, 만족을 아는 사람에겐 부족한 것이 없다. 비록 받은바 물질이 적다 하더라도 이를 소중히 여기고 감사하는 사람은 많은 사람들에게 존경을 받는다. 그러나 아무리 많이 받아도 받은 것에 고마움을 느끼지 못

하는 사람은 결국 세상 사람들로부터 버림을 받게 된다. 이런 의미에서 가장 이상적인 만족이란 재물이 많음에 있는 것이 아니라 욕심이 적음에 있다고 할 수 있다.

J. 드라이든_{John Dryden}은 "만족은 부_富요, 마음의 풍요이다. 그런 풍요를 찾을 수 있는 자는 행복하다"고 하였다. 이 고백은 적은 것에 만족하며 사는 것이 인간의 가장 큰 재산임을 일깨워 준다. 그러나 적은 것은 결코 모자라는 것이 아니기 때문에 아무리 적은 일이라도 최선으로 임한다면 커다란 만족을 얻을 수 있을 것이다. 성경은 우리에게 "스스로 만족하는 마음이 있으면 경건은 큰 이익이 된다_{딤전 6:6}"고 하였다. 부여받은 것에 자족하고 마음의 평정을 찾는다면 그것으로도 인생을 충분히 즐길 수 있다.

시선

바른 시선으로 세상을 바라봄

마음의 글은 눈 속에 쓰여 있다_G. 허버트

시선은 인격의 상징이며 마음의 표현이다. 시선을 보면 그 사람의 됨됨이를 알 수 있고 어떤 말과 행동을 할 것인가를 읽을 수 있다. G. 허버트G. Herbert 는 "마음의 글은 눈 속에 쓰여 있다"고 하였으며, G. 채프먼G. Chapman 은 "눈은 말할 수도 이해할 수도 있다"고 하였다. 예지에 빛나는 눈과 바른 시선은 마음의 평강과 진취적 의욕을 보여 주며 희망과 용기를 준다. 이러한 사람은 올바른 판단을 내리며 거짓을 행하지 않는다.

어린 아기가 어머니의 젖을 물고 어머니를 바라보는 눈길은 아름다움의 극치를 이룬다. 어머니와 자식은 눈빛으로 무한한 대화를 주고받는다. 어머니는 어린 아기의 시선만 보고도 마음의 상태와 무엇을 원하고 행동하는지를 알 수 있다. 또한 남녀 간에 마주치는 시선만으로도 서로의 사랑을 주고받는다.

영국 속담 중에 "눈이 안정되지 않은 사람은 마음도 안정되어 있지 않다"는 말이 있듯이, 시선이 흐트러지고 산만한 사람은 집중력이 없고 뜻을 이루지 못한다. 스트레스가 심한 사람의 눈을 보라. 얼마나 불안하며 초점을 잃고 있는가. 시선을 한 곳에 집중할 수 없는 학생은 결코 좋은 성적을 기대할 수 없다. 시선이 흐리면 정신을 한 곳에 모을 수 없기 때문에 목표를 이룰 수 없다. 그러므로 푸블릴리우스 시루스_{Publilius Syrus}는 "마음이 딴 곳에 있는 사람의 눈은 소경의 눈과 같다"고 하였다.

그러나 바른 시선은 불의와 거짓을 굴복시키며, 불가능을 가능한 것으로 바꾸는 힘을 갖는다. 바른 시선은 바른 자세와 행실에서 나온다. 성경에서 "네 몸의 등불은 눈이라_{눅 11:34}"고 말씀한 것처럼, 자기의 생활이 정당하고 자랑스러울 때 시선은 빛나게 되기 마련이다. 바른 생각을 하고 많은 지식과 교양을 쌓으면서 세계 시민으로 인류 전체의 번영을 위하여 노력할 때 바른 시선의 소유자가 될 수 있다.

자중

스스로를 소중히 여기는 마음

분별 있고 조심성 있는 자중은 지혜의 근원이다_R. 번즈

자중自重이란 스스로를 소중히 여기는 마음의 중력重力이다. 자중은 적극적으로 잘못을 파헤치고 바로 잡기보다는 말과 행동을 조심하여 마음속에서 은밀하게 인격을 다듬는 행위이다. 자중하는 사람은 행동을 좀처럼 겉으로 잘 나타내지 않는다. 그러나 그 속에는 감히 누구도 범할 수 없는 용기와 위엄이 있다.

자중하는 사람은 모든 일을 신중하게 처리한다. 이것은 자기에 대한 충실이며 다른 사람에 대한 봉사이다. 자중은 스스로 가득 찰 때까지 기다리는 마음이다. 그러나 단 한 번을 위해서 일생을 담보하기 때문에 그의 마음은 태산같이 무겁고 하해河海같이 넓다. 예부터 자중하는 사람은 인격을 갈고 닦기 위하여 스스로 수양의 길을 걸었으며, 예禮를 실천하기 위하여 독서에 열중하였다.

자중하는 사람은 분수를 지키며 절제한다. 자중하는 사람은 자신의 능력을 알기 때문에 능력 밖의 일에 대해서는 사양한다. 시류時流에 흔들리지 않는다. 더 큰 목적을 이룰 때까지 행동을 유예하며 인고忍苦의 아픔을 견디어 낸다. 행동을 스스로 통제하는 가운데 스스로 걸어가야 할 인생의 길을 내다보며 세계를 바라보는 시야가 넓어진다. 그러므로 시인 R. 번즈R. Burns 는 "분별 있고 조심성 있는 자중은 지혜의 근원이다"라고 하였다.

자중하는 사람은 평화를 누린다. 마음이 평온하면 선하고 의로운 행위가 나타나게 마련이다. 말은 쉬우나 행동은 어렵다. 성경에 "어리석은 사람도 조용히 하면 지혜롭게 보이고 입을 다물고 있으면 슬기로워 보인다잠 17:28 "고 하였다. 말을 잘못하면 화를 불러일으키지만 말을 하고 싶어도 자중하면 화를 면하게 되거나 화를 감소시키게 된다.

자중하는 사람이 되자. 참으로 자중하는 사람은 중요한 것과 중요하지 않은 것을 구별할 줄 알며 충분한 사고思考와 판단 후에 계획을 행동으로 옮긴다. 그러나 자중하는 사람은 대의大義를 위해서 자기를 희생할 줄 안다. 결코 자기만족이나 사사로운 일로 행동하지 않으며 공익과 공영共榮을 위해 행동한다. 그러므로 자중하는 사람은 불의와 부조리에 타협하지 않으며 오히려 이를 개선해 나가는 혁신적 태도를 보여 준다.

자중은 누구에게나 필요한 덕이며 자아를 실현하는 도리이다. 그리고 모든 문제를 바르게 알고 바르게 판단하며, 바르게 행동하게 하는 열쇠이다. 자중의 덕을 갖춘 사람이 많아질 때 이 사회는 더욱 밝아질 것이다.

자각

멈추지 않는 자각으로 발전

자기가 가고 있는 곳을 모르는 사람은
결코 높이 향상하지 못한다_O. 크롬웰

인간은 생각하고, 행동하며, 반복적인 일과를 보낸다. 왜 생각하고, 왜 행동해야 하는지를 반성할 겨를도 없이 기존관념과 생활습관에 따라 무비판적인 삶을 살아가기 쉽다. 물론 잠시 동안의 생각이나 행동 속에는 그 나름의 이유가 있고 동기가 있을 수 있다. 그러나 이를 좀 더 진지하게 검토해 보면 너무나 초라하고 보잘 것 없다는 사실에 놀랄 때가 많다. 자신의 행동과 생각, 자신의 존재까지도 다시 한 번 살펴보는 노력은 성숙한 인격에 도달하기 위해 꼭 필요한 과정이다.

자각이란 스스로 반성하여 깨달음을 갖는 것이며 자아를 재발견함으로써 미래의 지표를 진단해 보는 심리적 작용이다. 자각 없이 진전이나 발전을 기대할 수는 없다. 그래서 O. 크롬웰ₒ. Cromwell은 "자기가 가고 있는 곳을 모르는 사람은 결코 높이 향상하지 못한다"고 말한 바 있다. 자기 발전은 자각의 연속적 과정이며, 위대한 사회개혁은 자각의 실천과정이라 하겠다. 인도의 시성詩聖 R. 타고르R. Tagore는 "자신의 존재에 대하여 끊임없이 놀라는 것이 인생이다"라고 하면서 자각의 중요성을 강조하였다.

자각은 생의 진미를 느끼게 하는 자극제이며 심오한 진리에 입문하기 위한 길이다. 자각을 통하여 새로운 방법을 모색할 수 있고 발전된 상像을 정립할 수 있다. 자각하는 삶은 행복으로 향하는 삶이며 자각 없는 삶은 퇴보의 삶이다. 그러나 자각을 한다는 것은 쉬운 일이 아니다. 프랑스의 시인 프란시스 비용François de Montcorbier 이 "나는 나 자신을 빼놓고는 모두 안다"고 말한 것처럼, 자각을 한다는 것은 인간세상에서 가장 어려운 일들 가운데 하나이다.

자기 자신을 깨닫는 일을 모든 인간 활동의 기본으로 삼아야 한다. 자각 없이는 진로를 알 수 없고 진로를 알 수 없으면 목표에 도달할 수 없다. 자각에 이르지 않고서는 사회 속에서 자기의 위치를 정확히 파악할 수 없으며 목표를 정립할 수도 없다. 영국의 문호 초서Chaucer 는 "자신을 알 수 있는 사람이야말로 진정한 현인이다"라고 하였다. 지금까지 다른 사람과의 관계 속에서 자기의 행실은 과연 올바른 것이었는지, 자기의 가치관은 정당한 것이었는지를 다시 한

번 숙고해 보아야 한다. 성경에서도 "바보는 자기 길이 옳다고 하지만 지혜로운 사람은 조언에 귀를 기울인다 _잠 12:15_"고 하였다. 자각을 통하여 삶의 발자취를 반성하고 내면에서 우러나오는 자아의 권고를 들으며 이를 실천해 나갈 때 밝고 아름다운 세계의 기틀을 마련할 수 있을 것이다.

극기

나를 이기는 힘

자신을 극복하는 힘을 가진 사람이 가장 강하다_세네카

인간은 동물적 본능뿐만 아니라 이성理性과 영혼을 간직하고 있다. 그렇기에 하나님을 바라보며 인격과 지혜를 갖추고자 노력한다. 모든 교육의 기본은 본능과 관능적 감각을 이지적 지혜로 바꾸는 데 있다.

인간은 때때로 감각에 호소하여 말초신경의 자극과 육체적 욕구 충족에 우선순위를 두는 경우가 있다. 인간은 극기정신이 없을 때 동물적 본능에 사로잡히게 되며, 반면에 극기정신이 살아 있을 때 하나님께 가까이 다가갈 수 있다.

극기란 악의 요소를 통제하고 선의 요소를 키우는 힘이다. 자기의 행동을 바른 길로 인도하는 자제의 힘이기도 하다. 탐식과 탐욕은 인간의 건강을 해치고 인간을 타락시킨다. 본능의 욕구에만 충실하다면 결코 인간의 가치를 실현할 수 없다.

그러므로 부모는 자녀에게 극기정신을 가르쳐야 한다. 극기정신이 있을 때 두려움이 없어지고 매사에 적극적이고 성실할 수 있다. 하고자 하는 모든 일을 뜻대로 이룰 수 있고 순조롭게 목표를 달성할 수 있다.

로마의 철학자 세네카Seneca는 "자신을 극복하는 힘을 가진 사람이 가장 강하다"고 하였고, 성경에서도 "자기의 마음을 다스릴 줄 아는 사람은 성을 빼앗는 사람보다 낫다잠 16:32"고 하였다. 슬기로운 자는 자기와의 투쟁에서 승리하는 자이다. 자기를 지배하지 못하면 다른 사람의 잘못을 통제할 수 없고 진정한 자유와 행복을 누릴 수 없다.

독일의 대문호 괴테Goethe가 "극기하라, 극기해야 한다. 그것은 결코 끝나지 않는 노래다"라고 말한 것처럼, 극기의 정신은 천성적이기보다는 후천적 수련을 통해서 길러진다. 그러므로 가정과 사회의 일상생활 속에서 어려움을 극복하려는 인내심을 길러야 한다. 열악한 환경을 극복할 수 있고 육체적 고통을 감내할 수 있는 의지를 키워야 한다. 극기의 정신은 선한 행동의 원천이며 평화롭고 복된 세상의 밑바탕이다.

나

나를 완성하기 위한 노력

> 남을 아는 사람은 지혜 있는 자이지만,
> 자기를 아는 것이 더욱 명철함이 있는 자이다.
> 남을 이기는 사람은 힘이 있는 자이지만,
> 자기 스스로를 이기는 사람은 더욱 강한 사람이다_노자

나는 이 세상에서 가장 중요한 존재이다. 내가 있기에 사회가 있고 우주가 있다. 그러나 대부분의 사람들이 타인에 대해서는 말을 많이 하고 많은 관심을 갖고 있으면서도 자신에 대해서는 별로 생각하지 않는 경향이 있다. 눈을 감고 자기의 모습을 찾으려고 하면 친구의 모습만큼도 떠오르지 않을 때가 많다. 성경은 "현명한 사람의 지혜는 생각하고 행동하게 하지만 어리석은 사람의 어리석음은 자기를 속게 한다 잠 14:8"고 말씀한 바 있다.

　중국의 대 사상가 노자老子는 "남을 아는 사람은 지혜 있는 자이

지만, 자기를 아는 사람이 더욱 명철함이 있는 자이다. 남을 이기는 사람은 힘이 있는 자이지만, 자기 스스로를 이기는 사람은 더욱 강한 사람이다"라고 하여 자아성찰의 중요성을 강조하였다. 하루 중 잠시라도 자기를 돌아보는 시간을 가져야 한다. 자기반성을 통해서 남 앞에 떳떳하고 자신의 모습 속에서 행복을 찾는 사람이 되어야 한다. 성공과 실패, 기쁨과 슬픔은 모두 나의 마음가짐에 달려 있다. 무엇이나 이룰 수 있다는 확신을 가지고 최선으로 노력하면 안 될 것이 없다.

나는 독립된 개체이지만, 고립된 존재가 아니라 가족의 구성원이며 사회의 일원이다. 그러므로 나의 존재 가치를 평가하는 기준은 사회에서 찾아야 한다. 내가 가는 곳마다 나 자신의 개인적 발전이 이루어지고 다른 사람과의 화평이 이루어지며, 사회의 가치 있는 결실이 맺어져야 한다. 그러기 위해서는 자기를 완성시키기 위한 노력을 기울여야 한다. 사고하고 독서하며 배워야 한다. 또한 사회에 필요한 인물이 되도록 선의·협동·봉사의 생활을 실천해야 한다. 남이 어떻게 해 주기를 바라지 말고 내가 어떻게 해야 하는가를 생각해 보고 나 자신부터 먼저 실천에 옮겨보자.

장점

장점은 자기 발전의 기반

> 우리의 진보와 자기완성은 각자의 장점을 집중적으로 활용하여
> 최선의 특성을 발전시키며 결점에 구애되지 않고
> 앞으로 나아감으로서 달성되는 것이다_D. 카네기

푸블릴리우스 시루스Publilius Syrus 는 『금언집』에서 "모든 사람은 다른 사람에게 없는 탁월함을 지니고 있다"고 하였다. 명성이나 사회적 지위와는 상관없이 이 세상에서 장점을 갖지 않은 사람은 없다. 장점을 찾아서 발전시키고 최대한 활용하는 사람은 반드시 성공한다.

　장점은 인간이 갖고 있는 성품이나 행동 또는 기술면에서 남보다 뛰어난 특성을 의미한다. 철강 산업을 통해 세계적 부호가 되었던 D. 카네기D. Carnegie 는 "우리의 진보와 자기완성은 각자의 장점을 집중적으로 활용하여 최선의 특성을 발전시키며 결점에 구애되지 않고 앞으로 나아감으로써 달성되는 것이다"라고 하였다. 이처럼

장점은 자기 발전의 기반이며 자기완성의 첩경이다. 장점을 얼마나 활용하고 성장시키느냐에 따라서 인생의 성패가 결정된다. 장점이 있다고 하여 자만하고 노력하지 않으면 발전은 있을 수 없다. 장점을 찾아내고 이를 더욱 향상시키려는 노력이 수반되어야 한다. 옥은 갈수록 빛나고 장점은 살릴수록 커지기 마련이다.

많은 사람이 장점을 묻어두고 단점에만 얽매여 실망하고 비관하는 경우를 보게 된다. 또한 다른 사람을 칭찬하고 인정하기보다는 단점에 대한 비판과 힐책만을 일삼는 경우를 흔히 볼 수 있다. 한 사람의 단점을 보고서 혹평만 한다면 단점은 더욱 개선하기 어려워진다. 그러나 그 사람의 장점을 보고서 찬사와 격려를 아끼지 않는다면 장점을 더욱 발전시킬 뿐만 아니라 그 사람의 단점까지도 개선할 수 있는 가능성을 얻게 된다. 성경은 우리에게 "하나님이 몸을 고르게 하여 부족한 지체에게 귀중함을 더하사 몸 가운데서 분쟁이 없고 오직 여러 지체가 서로 같이 돌보게 하셨느니라_{고전 12:24-25}"고 말씀하고 있다. 단점은 장점을 발전시키는 전제 위에서 지적되어야 한다. 우리 모두 장점을 칭찬해 주고 키워 주는 아름다운 사회풍토를 조성하자. 겸손이 뒷받침될 때만이 프랜시스 베이컨_{Francis Bacon}의 말처럼 "장점은 명성보다 더 값진 것"이 될 수 있다. 묵묵히 장점을 키워나가는 노력 앞에 보람과 행복은 찾아올 것이다.

자기 신뢰

잠재된 나를 깨우는 자기 신뢰

너 자신을 도우면 하늘은 너를 도와줄 것이다_라 퐁텐

인간은 어디엔가 부족한 점이 있기 마련이다. 외형적으로는 빈틈이 없고 완전한 것 같으나 내부적으로는 부족한 점이 적지 않다. 세계 신기록을 세운 운동선수도 건강에는 자신이 없고 세계적인 석학과 과학자들도 자신의 전문분야 이외엔 지식의 부족을 인정할 수밖에 없다. 그러나 이러한 부족에 불만을 갖고 용기를 잃는다면 어떠한 일도 성취할 수 없다. 부족함을 느끼기에 앞서 무한의 가능성을 추구하는 자기 신뢰가 전제되어야 한다. 자기 신뢰를 바탕으로 하지 않는 성공이란 기대할 수 없다.

자기 신뢰는 에머슨Emerson의 말처럼 "성공의 제일 비결"이며 성장의 뿌리가 된다. 사회의 활력소이며 개척과 개혁의 원동력이다. 자기 신뢰를 통하여 어려움을 극복하는 지혜를 갖게 되며 새로운 의지와 용기를 키울 수 있다. 프랑스의 우화작가 라 퐁텐_{J. Ra Fontaine}이 "너 자신을 도우면 하늘은 너를 도와줄 것이다"라고 말한 것처럼, 자신을 신뢰하고 최선을 다하는 자에게만 하나님의 도움이 따를 것이다.

괴테_{Goethe}는 "스스로를 믿으면 곧 사는 방법을 알게 된다"고 하였다. 이처럼 자기 신뢰는 새로운 길을 안내하는 생활의 나침반이라 하겠다. 성경에서도 인간을 일컬어 "주께서 사람을 하늘에 있는 존재보다 조금 못하게 만드시고 영광과 존귀함의 관을 씌우셨습니다_{시 8:5}"라고 하였다. 자기 자신에게는 무한한 잠재능력과 창조의 에너지가 있다는 것을 알아야 한다. 뜻한 바가 잘 이루어지지 않는다 하여 쉽사리 포기하거나 희망을 잃는 것은 자기 자신을 잃는 것이나 다름없다.

사실상 자기 발전 없는 맹목적 자기신뢰와 능력과 적성에 대한 과대평가는 낙심과 절망만을 가져올 뿐이다. 그렇기에 자기완성에 이르기까지 성실히 실력을 배양하고 진리 탐구의 등불을 밝혀야 한다. 객관적 검증과 성찰이 없는 자기 신뢰는 성공의 길을 보장하지 못한다. 확고한 목표 아래 지식과 덕성을 함양하는 가운데 자기 신뢰의 확신은 굳어지고 매사에 용기와 의욕을 갖게 된다. 먼저 무엇이든 할 수 있다는 자기 신뢰를 갖자. 그리고 그 신뢰를

현실 속에서 열매로 거두기 위해 부족한 능력을 채워보자. 자기
신뢰는 미래를 열어 주는 열쇠가 될 것이다.

삶
향기를 품은 나의 인생

사람은 기쁘게 살면서 선을 행하는 것보다 더 나은 것이 없다_전도서 3:12

인생은 젖먹이 아이로부터 출발하여 유년기를 거쳐 장년기를 지나 노년기에 이른다. 이는 우주의 법칙이며 만고의 진리이다. 여기에 제외되는 이는 하나도 없다. 무의식의 생활과 잠자는 시간을 빼면 인간의 삶 자체는 짧다. N. 베일리 N. Bailey는 "얼마나 오래 사느냐가 아니라 어떻게 사느냐가 문제"라고 하였으며, 에디슨 Edison은 "내가 아직 살아 있는 동안에는 나로 하여금 헛되이 살지 않게 하라"고 말함으로써 삶의 질을 강조하였다.

많은 사람들은 오래 사는 것을 원하지만 훌륭하게 살려는 생각은 적다. 덕행을 실천하는 자는 삶을 영위하는 것이며 쾌락을 추구하는 자는 단순히 시간을 보내는 것이라 할 수 있다. 그래서 R. 헤

릭 R. Herrick 은 "덕행을 하는 자는 사는 것이며 쾌락을 위해 목적을 던져 버리는 자들은 사는 것이 아니라 지속하는 것이다"라고 말한다.

삶은 여러 개의 길로 나누어진다. 깨끗하고 고귀한 삶의 길이 있는가 하면 시기하고 질투하고 남을 해롭게 하는 지옥의 길이 있다. 올바른 삶의 방향을 설정한다는 것은 인간에게 있어서 가장 중요한 일이 될 것이다. 에픽테투스 Epictetos 는 "정당하게 사는 자에게는 어느 곳이든 안전하다"라고 하였다. 깨끗하고 고귀하고 값진 삶을 살아가자. 말과 행실이 깨끗하고 올바르고 마음이 아름다워야 한다. 불만과 짜증과 미움의 삶은 실패의 삶이자 불행의 삶이며, 만족과 웃음과 사랑의 삶은 성공의 삶이자 행복의 삶이다. 현명한 사람은 아름답고 긍정적인 삶을 살아가는 자이다. 그들의 삶은 기도하는 삶이자 소망을 가진 삶이었다.

보람 있는 삶이란 받는 것이 아니라 주며 베푸는 삶이다. 그러므로 성경에서는 "사람은 기쁘게 살면서 선을 행하는 것보다 더 나은 것이 없다 전 3:12"라고 말한다. 먼저 삶의 올바른 방향부터 정하자. 지금까지 잘못 살았다면 돌이켜 올바른 삶을 살도록 노력하자. 향기를 품은 삶, 기쁨이 넘치는 삶을 통하여 인생을 값지고 훌륭하게 가꾸어 나가자.

불 속에서
연단한
사색의 그릇

새벽

마음의 그릇을 닦는 새벽

일 년의 계획은 봄에 있고 하루의 계획은 새벽에 있다_공자

새벽은 하루의 서곡이다. 어두운 밤이 물러가고 만물이 살아 움직이기 시작하고 밝음의 새날이 시작되는 때이다. 또한 새로운 출발을 다짐하며 하루의 계획을 세우는 때가 새벽이다. 공자는 "일 년의 계획은 봄에 있고 하루의 계획은 새벽에 있다"고 하였다. 새벽마다 일찍 일어나 그날의 할 일을 구상해 보고 어떤 태도로 임할 것인가를 생각하자. 자신의 뜻대로 하루의 일과가 진행될 것을 기원하면서 모든 사람에게 기쁨과 즐거움을 줄 수 있도록 선의의 생활을 다짐하자.

만물이 약동하기 시작하는 상쾌한 새벽에 일어나 마음과 정신을 가다듬고 이전까지의 삶을 반성하며 인간 사회 속에서 실행해야 할 의미 깊은 일들을 계획해 보는 것은 인간만이 가질 수 있는 특권인 동시에 행복한 순간이다.

E. H. 윌콕스E. H. Wilcox가 "하루의 가장 달콤한 순간은 새벽에 있다"라고 말하였듯이 새벽은 하루 중에서 가장 귀중하고 값진 시간이다. 늦게 일어나 새벽을 모르는 자, 일찍 일어나지만 헛되이 시간을 보내는 자는 인생을 즐길 줄 모르는 자이다. 벤자민 프랭클린Benjamin Franklin이 "일찍 자고 일찍 일어나는 것은 사람을 건강하고 부유하고 현명하게 만든다"고 말한 것처럼 새벽이 인생에 얼마나 중요한 영향을 미치는가를 알 수 있다.

아무리 바빠도 새벽만은 완전히 자신을 위한 시간이 되도록 해야 한다. 잠시 동안의 기도가 끝나면 간단한 운동을 하고 가정의 구석구석을 점검하여 정갈하게 손질하고 하루의 일과를 면밀히 검토하고 준비해야 한다. 다윗이 "내가 주를 의지하니 아침에 주의 변함없는 사랑을 듣게 하소서시 143:8"라고 고백하면서 새벽마다 의로운 삶을 소망하지 않았더라면 결코 위대한 인물이 되지 못하였을 것이다. 위대한 역사의 계기는 새벽에 이루어진다고 해도 과언이 아니다. 새벽을 보람 있게 보내는 사람은 인생을 보람 있게 보내는 자이며 인류 사회를 더욱 발전시킬 수 있는 사람이다.

정성
정성으로 다져진 생활

자신에게 주어진 시간 동안 최선을 다한 사람은 언제나 잘 산 것이다
_프리드리히 쉴러

"지성至誠이면 감천感天"이라는 말이 있다. 무슨 일이든지 정성을 다바치면 안되는 것이 없다는 말이다. 인류 역사의 위대한 업적은 정성의 산물인 것이며 웅장한 건축물, 신비한 예술작품, 위대한 발명품 모두가 정성 없이 이루어진 것은 없다. 정성은 곧 성실을 다하는 것이며 목표를 가지고 최선을 다하는 것을 의미한다.

인간 생활의 모든 면에 있어서 정성이 요구되지 않는 곳은 없다. 정성이 없으면 질서가 문란해지고 불신이 싹트며 사회적 안정이 깨어진다. 이러한 까닭에 T. 루스벨트T. Roservelt 는 "유명한 것보다는 성실함이 더 낫다"고 말한 것이다. 정성을 다하는 것은 모든 일을 성공시키는 최선의 비결이라 할 수 있다.

정성은 인간으로 하여금 올바른 목표를 지향하게 하고 삶의 기쁨과 행복을 가져다 준다. 정성은 남을 기쁘게 하고 자신을 발전시키며, 정성으로 다져진 생활은 훈훈한 인간미를 싹트게 하고 행복한 가정을 약속한다. 정성을 다해 자신의 목표를 지향하는 자는 그 목표를 달성할 수 있고, 가족 모두가 정성을 다하면 가정에는 기쁨과 화목이 충만하게 된다. 구성원 모두가 정성을 다하는 사회는 아름답고 풍요로운 사회로 발전할 수 있다. 그러므로 정성은 인간만이 가질 수 있는 밝음의 빛이며, 정화의 샘이며, 개척의 힘이라 할 수 있다.

우리 모두는 정성을 다하는 생활 풍토를 조성해야 한다. 부모는 자녀를 정성껏 가르치고 돌봐 주어야 하며, 자녀도 부모를 정성껏 공경하고 섬겨야 한다. 사회인은 일터와 직장에서 자신의 맡은 바 책무에 최선을 다해야 한다. 독일 고전주의의 대표작가 프리드리히 쉴러Friedrich von Schiller는 "자신에게 주어진 시간 동안 최선을 다한 사람은 언제나 잘 산 것이다"라고 말하였다. 가까운 곳에서부터 먼 곳으로, 작은 일부터 큰일에 이르기까지 정성을 다하는 것에 소홀함이 없어야 할 것이다. 처음에 들인 정성처럼 끝나는 순간까지 정성을 들여야 하며 보이는 곳에 정성을 다하는 것처럼 보이지 않는 곳에도 정성을 다해야 한다.

성경은 "열심히 일하면 유익이 있다잠 14:23"고 하였다. 한마디의 말, 하나의 동작에도 정성을 다해 보자. 남이 그렇게 하기를 기다리기에 앞서 나부터 솔선수범하여 정성을 다하도록 하자. 정성이 있는 곳에 밝음의 빛은 꺼지지 않을 것이다.

시련

시련의 진통으로 빚어진 그릇

환난은 인내를 인내는 연단을 연단은 소망을 이룬다_로마서 5:3-4

시련 없이 인생을 살아갈 수는 없다. 시련이란 하나님께서 인간을 더욱더 단련하기 위한 하나의 도구이자 과정이다. 실험의 과정으로 보아야 할 것이다. 시련의 고통은 껍질을 깨고 밖으로 나오는 병아리의 아픔이며 대지를 뚫고 솟아나는 새싹의 몸부림이다. 시련을 거쳐 훌륭한 선수가 되고 훌륭한 사업가가 출현한다. "잔잔한 바다에서는 좋은 뱃사공이 만들어지지 않는다"는 영국 속담처럼 시련 없이 성공한 사람 없고, 시련 없이 훌륭한 성과를 얻을 수 있는 사람도 없다. 훌륭한 작품은 그만큼 더 많은 시련을 거친 결정체이다. 그러므로 영국의 낭만파 시인 바이런Byron은 "시련이란 진리로 통하는 으뜸가는 길이다"라고 하였으며, 세네카Seneca도

"거친 땅 위에서 굳어진 발굽을 가진 짐승은 어떠한 길이든 걸을 수 있다"라고 하였다.

위인들은 견디기 어려운 시련을 극복한 사람들이며, 새로운 진리의 단계로 도약하여 탈바꿈의 고통을 이겨 낸 사람들이다. 쇠붙이를 달구지 않고서는 도구를 만들 수 없는 것처럼 시련 없이 인간을 훌륭한 인격자로 만들 수는 없다. "폭풍은 참나무가 더욱 뿌리를 깊게 박도록 한다"는 G. 허버트_{G. Herbert} 의 말처럼, 실로 시련은 인간을 만드는 계기이며 보다 나은 상태로 변화시키기 위한 진통이다. 이러한 의미에서 시련은 인간의 됨됨이를 평가하는 기준이 되기도 한다. 시련을 극복하기 위해 노력해 보지 않은 자는 작은 시련에도 좌절하기 때문이다. 시련을 극복하려는 의지는 인생을 성공시키는 원동력이며 매사를 성공적으로 이끄는 추진력이 된다.

"환난은 인내를 인내는 연단을 연단은 소망을 이룬다_{롬 5:3-4}"는 성경말씀처럼 시련 극복의 의지는 인내를 기르고 소망을 키운다. 생활 속에서 오는 시련을 잘 견뎌내고 희망을 가지고 최선을 다한다면 앞으로 더욱 큰 시련이 닥친다 해도 두렵지 않을 것이다.

의지

하늘을 움직이는 의지

뜻있는 자는 이루고, 노력하는 자는 승리한다-격언

사람이 한평생을 살면서 무엇을 하든지 쉽게 이루어지는 일은 거의 없다. 그러므로 누구에게나 목표 달성을 위한 의지가 있어야 한다. 의지란 단순한 뜻이나 마음이 아닌 어떤 목적을 위해 적극적으로 노력하는 자세를 말한다.

"뜻있는 자는 이루고, 노력하는 자는 승리한다"는 격언은 어느 한 사람에게 국한된 것이 아니라 모든 사람에게 적용되는 교훈이다. 모든 성공의 첩경은 우선 바르고 명확한 뜻을 세우는 데 있다. 뜻이 있고 목표가 서고 담대한 행동이 따르면 무슨 일을 성취하지 못하겠는가! 뜻을 세우지 않고 이루어지는 일은 없다.

'초지일관初志一貫'이란 말이 있다. 현명한 사람이라면 10년, 30년,

50년, 아니 일평생의 뜻을 세운다. 어떤 계기로 세운 뜻이든 중요한 것은 한 번 세우면 결코 잊지 않는 것이다. 생활에 긴장이 풀리고 의욕이 줄어갈 때, 처음의 뜻을 생각하면 다시 용기와 힘이 솟아오르게 된다. 목적이 좋으면 모든 것이 좋아지기 마련이다. 인간의 가치는 무엇을 하느냐가 아니라 무엇을 하고자 하는 의지에 의해 높아진다.

이러한 의지를 어떻게 키우고 단련할 수 있는가. 첫째, 자신의 욕망과 자신 스스로를 제어하고 절제해야 한다. 둘째, 고난과 시련을 이겨내고 그것을 전화위복의 계기로 삼아야 한다. "보아라. 내가 너를 제련했지만 은처럼 하지 않고 고난의 용광로에서 너를 시험했다 사 48:10"는 성경말씀처럼 의지는 단련하기에 따라 사람을 사람답게 만들고 현명하게 만든다.

영국 속담에 "사람의 의지는 하늘을 움직인다"고 하였다. 사람이면 누구든지 선하게 살고자 하는 의지, 정의에 대한 의지, 보다 나아지고자 하는 의지가 있다. 이러한 세 가지 보편의지에 바탕을 둘 때, 인간은 자아실현과 인생의 가치를 창조하며 인류사회를 위해 기여할 수 있다. 결국 인간 의지에 따라 매일매일 자신의 역사와 운명을 만들어 가는 것이다.

끈기

모든 난관을 허무는 끈기

> 하나의 작은 꽃을 만드는 데도 오랜 세월의 노력이 필요하다
> _윌리엄 블레이크

이 세상 모든 일은 끈기를 필요로 한다. 끈기 없이 이루어지는 일은 없다. 하나님은 인간에게 끈기를 실험하지 않고서는 아무것도 제공해 주지 않는다. 라틴 속담에 "빗방울이 바위를 뚫는다"고 하였고, 시인 윌리엄 블레이크William Blake도 "하나의 작은 꽃을 만드는 데도 오랜 세월의 노력이 필요하다"고 말하였다. 끈기는 쉬지 않고 포기와 좌절을 하지 않고 의지를 실천하는 것이다.

끈기는 훌륭한 인간을 만들고 유명한 작품을 창작하게 한다. 끈기는 무수한 난관과 장애를 제거한다. 우리나라 속담에 "열 번 찍어 넘어가지 않는 나무가 없다"고 하였다. J. 레이J. Ray는 "사람은 한 구절을 여러 번 반복한 후엔 그 구절의 의미를 깨달아 이해할 수

있게 된다"고 하였다. 이는 은근과 끈기를 가진 자만이 성공할 수 있다는 사실을 말해 준다.

마라톤 선수는 초지일관의 끈기가 없이는 목표에 도달할 수 없다. 사업을 경영하는 기업가는 새로운 정보와 새로운 기술을 개발하는 노력 없이 남보다 성공할 수 없다. 학자가 되려는 학생은 많은 참고 자료와 이론에 접하면서 진리탐구에 매진해야 한다. 산에 오르기도 전에 포기하는 자에게 정상정복의 영광이 없듯이, 꾸준한 인내가 없는 자에게 성공의 기회는 오지 않는다.

때론 절망을 무수히 경험해야 하고 살을 에는 듯한 아픔도 있을 것이다. 그러나 이를 극복하는 불굴의 신념을 가져야 한다. 끈기는 쓰고 고달프나 그 결과는 달콤하고 무한의 행복을 준다. 끈기에 투자된 노력과 정력은 인생행로에 밑거름이 되어 풍성한 결실을 가져오게 할 것이다. 그러므로 성경은 "일의 끝이 시작보다 낫고 참는 마음이 교만한 마음보다 낫다 전 7:8"고 말씀하였다.

끈기는 평소의 생활 속에서 훈련되어야 한다. 작은 일이라도 끈기 있게 실천하는 습성을 키워야 한다. 가정을 화목하게 하고 사회를 건전하게 발전시키는 방향에서 인간의 끈기는 최대한 발휘되어야 한다.

용기

절망을 희망으로 이끄는 용기

너희가 이 세상에서는 고난을 당할 것이다.
그러나 담대하라. 내가 세상을 이미 이겼다_요한복음 16:33

사람은 어떠한 일에 직면하든지 용기를 잃어서는 안 된다. 용기를
잃으면 인생 전부를 잃은 것과 마찬가지이다. 영국의 수상을 지낸
윈스턴 처칠Winston Churchill 이 "모든 미덕의 절정에 달한 이름은 용기"
라고 하였듯이, 용기는 모든 것에 우선한다. 용기는 역경을 뛰어넘
는 실제적 힘으로써 당면한 모든 문제를 해결하는 열쇠이다.

어떤 일에 실패하고 절망과 실의에 빠져 있을 때는 평상시보다
몇 배나 더 용기가 필요하다. 하나님은 용기를 가진 자를 도와주시
며 축복해 주신다. 하나님은 "너희가 이 세상에서는 고난을 당할
것이다. 그러나 담대하라. 내가 세상을 이미 이겼다요 16:33 "고 하시
며, 우리에게 용기를 주신다. 용기는 절망을 희망으로, 실패를 성공

으로 이끄는 신비한 힘을 지닌다. 그러므로 용기를 키우는 일은 아무리 강조해도 지나치지 않다.

사람이 가진 재산은 때때로 없어질 수도 있으나 영혼의 깊은 곳에서 우러나는 용기는 절대로 사라지지 않는다. 그러나 "최상의 용기는 분별력이다"라고 한 셰익스피어Shakespeare 의 말이 시사하듯이, 용기가 만용으로 전락하지 않으려면 사려와 분별을 갖추어야 한다. 어떠한 일이 옳고 그른지, 하나님이 원하시는 일은 어떤 것인지를 판단할 수 있어야만 진정한 용기를 발휘할 수 있다. 옳지 않은 일, 비난받을 일에 열렬히 투신하는 것은 만용을 부리는 것이나 다름없다.

용기 있는 사람은 자신이 소망하는 바를 성취할 수 있을 뿐만 아니라 남을 도울 수 있다. 비록 자신의 행적을 알아주는 사람이 없다 하더라도 스스로 옳다고 판단되면 명예와 이익을 생각지 말고 과감히 선한 일을 실천해야 한다. 자신의 뜻이 사회와 인류를 위하는 일이라면 주저하지 말고 실행 방안을 모색해야 한다. 모든 사람들이 공익과 덕을 쌓는 일에 용기를 발휘한다면 우리 사회의 장래는 결코 어둡지 않을 것이다.

겸손

용기를 더한 겸손

교만한 자를 물리치시고 겸손한 자에게 은혜를 주신다_야고보서 4:6

겸손이란 거만하지 않고 공손하게 상대방을 존중해 주는 태도이다. 자기의 주장만을 내세우지 않고 상대가 말하고자 하는 것과 바라고 있는 것을 인정하는 태도이다. 진정한 인격의 소유자는 자기와 동등한 사람들에게 무례히 행하지 않으며 행동 가짐이 겸손하다.

N. 베일리_N. Bailey 의 말처럼 "겸손은 모든 미덕의 근본"이며 자기 완성의 토대가 된다. 겸손한 태도는 좋은 일에나 나쁜 일에나 다 같이 중요하다. 칭찬받을 때나 꾸지람을 들었을 때나 겸손하면 만사가 형통하고 끝을 잘 맺게 된다.

겸손과 비굴은 겉으로 보기에 비슷할지 모르지만 그 내용에 있어서는 전혀 다르다. 겸손은 용기를 가지고 있으나 비굴은 비겁함과 같다. 공자는 "내 좋은 점을 자랑하지 않고, 자기의 공로를 대수롭게 늘어놓지 말아야 하며, 흔히 사람들이 자기를 칭찬해 주는 것을 좋아하거나 스스로 칭찬하거나 아무것도 아닌 공로를 늘어놓기를 좋아하는 것은 잘못이다"라고 말하면서 겸손의 중요성을 강조하였다.

우리들은 다른 사람에게 호감을 받길 원하면서도 겸손한 사람이 되려고 하지 않는데 문제가 있다. 자기 스스로를 의식적으로 내세워야만 만족을 얻고, 자신의 장점과 공로를 드러내지 않으면 만족하지 않는 경우가 허다하다. 그러나 겸손을 갖추지 않은 사람은 만족을 경험할 수 없음을 잊지 말아야 한다.

지·덕·체를 다 갖추고 있는 사람이 자기를 낮추어 겸손하게 행한다면 사람들은 그를 존경할 것이다. 하나님께서도 "교만한 자를 물리치시고 겸손한 자에게 은혜를 주신다_{약 4:6}"고 하였다. 우리가 사는 사회를 조화롭고 사랑이 넘치는 곳으로 만들려면, 가정에서 뿐만 아니라 직장과 학교, 그 어디에서든지 서로가 겸손을 생활화해야겠다.

성실

밝고 아름다운 성실

**성실한 사람은 원대한 목표를 세우고 구체적 계획과 방법에 따라서
중단 없이 목표를 향해 전진하는 사람이다.**

인간은 나름대로의 일을 통해서 활동하고 있다. 일하고 땀 흘리는
동안 자신도 모르는 사이에 성장과 발전을 거듭한다. 인간이 부지
런히 일을 하는 것은 비단 경제적인 소득을 얻기 위한 것만이 아니
라 지식, 경험, 기술의 습득에도 그 목적을 두고 있다. 후회 없이 일
하고 노력할 때만이 인생의 목표를 이룰 수 있게 된다.

성실한 사람은 자신에게 주어진 의무를 소홀히 하지 않는다. 불
성실한 사람은 자신의 일을 창의적으로 기획할 수 없으며, 다른 일
에도 적극적으로 참여할 수 없다. 국민의 의무뿐만 아니라 인간으
로서의 도덕적 의무를 감당하지 못하는 사람에게서 창의성과 성실
을 기대하기란 불가능한 법이다. 그래서 생텍쥐페리_{Saint-Exupery} 는 "의

무의 이행이 없으면 성장이 없다"고 하였고, 미국의 제35대 대통령 존 F. 케네디 John F. Kennedy 는 "우리의 특권은 우리의 의무보다 클 수 없다"고 하였다. 의무의 이행이야말로 모든 개인 활동의 필수적 전제라는 것을 말하고 있다.

성실한 사람은 원대한 목표를 세우고 구체적 계획과 방법에 따라서 중단 없이 목표를 향해 전진하는 사람이다. 성실한 사람의 얼굴은 밝고 아름답다. 선천적으로 타고난 아름다움보다는 인내와 수행을 통해서 가꾸어 낸 아름다움이 더욱 빛을 발한다. 즉 남녀노소를 막론하고 자신의 직업에 긍지와 정열이 넘쳐있는 얼굴 또는 어떤 일에 모든 생명을 다 바쳐 열중하는 그 얼굴은 자연미, 건강미와는 또 다른 아름다움을 간직하고 있다. 이것은 어떠한 상황 속에서도 퇴색되지 않는 진정한 아름다움이다.

근면과 정직 그리고 성실을 통해 얻은 재물은 장기간 지속된다. 그러나 부정과 불의, 불성실로 얻은 재물이나 신분은 하늘의 뜬구름 같아서 조금도 의지할 수 없는 대상이다. 넓은 견지에서 본다면 부정·불의·불성실은 게으름의 소산이라 할 수 있다. 성경에서 "너, 게으름뱅이야, 너는 언제까지 자겠느냐? 언제 잠에서 깨어 일어나겠느냐? 조금만 더 자자, 조금만 더 눈 좀 붙이자, 조금만 더 손을 모으고 자자하다가 가난이 강도처럼 네게 이르고 빈곤이 무장한 사람처럼 이르게 될 것이다 잠 6:9-11 "고 말한 것과 같이, 게으름은 인간을 파멸시키는 주된 원인이다. 그러므로 부지런히 일을 해야 한다. 근면한 자만이 참된 건강과 행복을 누릴 수 있다. 땀 흘려 일하는 자만이 인생의 깊은 진미를 알게 될 것이다.

정의

인간 행동의 지침이 되는 정의

> 오직 정의를 강물처럼 흐르게 하고
> 의를 시냇물이 마르지 않고 흐르는 것처럼
> 항상 흐르게 하라_아모스 5:24

정의는 인간 행동의 지침이며 사고의 기준이고 선행의 표준이다. 정의를 통해서만 진리를 찾을 수 있고 진정한 기쁨을 얻을 수 있다. 그리스의 철학자 아리스토텔레스_{Aristoteles} 는 "정의는 사회의 질서"라고 하였다. 정의가 있는 곳에 질서와 평화, 발전과 번영이 있다는 뜻이다. 어떠한 힘이나 권력도 정의를 앞설 수는 없다.

정의는 무시되기 쉽고 약해 보이기 쉬우나 무한의 힘을 지니며 영구불변의 속성을 지닌다. 불의는 처음에는 화려하고 크고 강한 것처럼 보이나 결국엔 아침의 이슬처럼 사라질 것이다. 정의는 비록 늦게 드러날지라도 진흙 속의 보석처럼 어둠 속에서도 빛을 잃지 않는다. 그러므로 그리스의 칠현七賢 중 한 사람인 솔론Solon 은 "정의는 느릴지라도 확실하다"고 하였다. 정의로운 길은 영광의 길이며, 정의롭지 못한 길은 패망의 길이다. 정의를 실현하기 위한 길은 형극의 가시밭길이지만, 정의를 이룬 뒤의 인생은 가장 안전한 길이며 희망이 넘치는 길이다. 정의는 역사의 숨결이며 위대한 업적의 거울이다.

정의는 찾는 자의 것이며 어디에서나 존재하고 있다. 정의는 실천될 때 가치가 있다. 그러므로 찾아서 실천하려는 노력이 전제되어야 한다. 이러한 의미에서 B. 디즈레일리B. Disraeli 는 "정의는 행위 속의 진실"이라고 하였다. 영국 속담에 "하늘이 무너져도 정의를 지키라"고 하였으며, 페르디난트 1세Ferdinand I 도 "세계가 소멸할지라도 정의를 이루라"고 역설한 바 있다. 어떠한 경우에라도 정의는 실천되어야 하며 최상의 영광으로 인식되어야 한다.

정의는 인간으로서 마땅히 가야 할 길이며 악의 없는 사랑으로 다른 사람을 위해 도와주고 봉사하는 길이다. 정의는 말이 없고 보이지 않지만 멀리 가고 널리 퍼진다. 성경은 "오직 정의를 강물처럼 흐르게 하고 의를 시냇물이 마르지 않고 흐르는 것처럼 항상 흐르게 하라암 5:24"고 당부하고 있다. 무엇이 정의로운 일인가를 생각하고 그에 따라 행동하는 것이 인간다운 삶의 원천이며 이상 사회로 가는 길이다.

정직

마음의 지표, 정직

악을 피하는 것이 정직한 사람의 넓은 길이니
그 길을 지키는 사람은 그 영혼도 지키는 것이다_잠언 16:17

정직을 바탕으로 하는 삶은 가치 있으며 오랜 행복을 보장받는다. 정직한 사람은 매사에 인정을 받으며 많은 사람으로부터 존경과 사랑을 받는다. 셰익스피어Shakespeare 는 "정직만큼 값진 유산은 없다"고 말하였다. 그러나 정직하게 산다는 것은 결코 쉬운 일이 아니다. 정직은 그 효과가 느리기 때문에 사람들은 거짓과 눈가림을 앞세우기 쉽다. 정직을 마음의 지표로 삼은 사람이 선각자요, 참된 지도자이다. "정직한 길을 걸어가는 데에는 너무 늦는 법이 없다"는 세네카Seneca 의 말처럼 정직에 주저함이 없고 어떤 이유로도 피해서는 안된다. 정직하게 말하고 행하는 개인은 행복을 누릴 수 있는 자이다.

갓난아이의 얼굴에는 가식이 없다. 엄마 품에 안겨 젖을 물고 만족한 미소를 지으며 움직이는 손과 발에는 거짓이 없다. 그 정직한 마음과 행동을 그대로 발전시킬 수 있도록 보살핌이 있어야 한다. 부모는 자식들에게 생활 속에서 정직을 가르치고 학교에서 교사들은 정직을 몸소 실천하며, 사회에서 성인들은 자라나는 세대들에게 정직의 가치를 심어주어야 한다. 스페인의 대문호 S. M. 세르반테스_S. M. Cervantes_ 는 "정직은 최선의 정책"이라고 하였다. 정직을 바탕으로 하는 정책이야말로 국민을 위하는 정책이고 발전을 가져올 것이다. 정직은 개인의 심리적 욕구나 이익을 바탕으로 하는 것이 아니라 사회전체의 필요성과 효과에 바탕을 두어야 한다.

정직한 자는 처음에는 손해일지 모르지만 결국에는 이익을 얻고 승리를 얻게 된다. 퀸틸리아누스_Quintilianus_ 는 "신의 섭리는 정직한 것이 가장 유리하다는 것을 인간에게 선물로 주었다"고 말하였다. 정당한 노력 없이 편히 살려는 마음, 필요이상 잘 보이려는 태도, 자기만 이익을 보겠다는 행동은 정직의 신념을 약하게 하는 요소들이다. 성경은 우리에게 "악을 피하는 것이 정직한 사람의 넓은 길이니 그 길을 지키는 사람은 그 영혼도 지키는 것이다_잠 16:17_ "고 하였다.

다른 사람에게 있는 그대로의 모습을 보여주자. 자신의 노력만큼의 대가를 요구하고 정직한 행동으로 타인을 즐겁게 하자. 그리하여 이 지구상에 정직의 씨가 뿌려지고 그에 따른 정당한 대가로 기쁨의 꽃을 피우며 행복의 결실을 맺을 수 있도록 최선을 다하자.

중용

최선의 선을 만드는 중용

네게 준 율법을 다 지켜라.
그것에서 돌이켜 좌우로 치우치지 마라_여호수아 1:7

중용이란 보편성을 유지하는 것이며 분수와 한도를 넘지 않는 것을 의미한다. 특이성이 아니라 보편성을 추구하는 행위이다. 정자$_{程子}$는 중용의 의미를 "한 쪽으로 치우치지 않는 것을 중$_{中}$이라 하고 바뀌지 않는 것을 용$_{庸}$이라 한다"고 말하였다.

그런데 현대인들은 중용과는 거리가 먼 생활을 일삼고 있다. 과식과 몸을 가누지 못할 정도의 과음 등으로 본능적 욕구를 지나치게 충족시키려 한다. 인간의 체질은 중용을 넘어설 때 거부반응을 나타낸다. 식사도 어느 정도 먹으면 맛을 잃게 되고 그만 먹고 싶은 것처럼 결국 육체에서 거부반응을 보이기 직전까지의 행위를 중용의 행위로 보아야 할 것이다.

중용을 넘는 행위를 반복하게 되면 중용의 선 善에 대해 무감각해져서 과도한 상태에 진입하게 된다. 지나침은 건강을 해롭게 하고 생명을 단축시킨다. 그러므로 고대 古代의 시인 오비디우스 Ovidius 는 "중간에 위치하는 것이 가장 안전하리라"고 하였으며, 키케로 Cicero 도 "오래 살 것을 소망한다면 중용의 길을 밟으라"고 강조하였다. 인간의 모든 일에 있어서 중용의 도를 지켜야 한다. 친절도 지나치면 부담스럽고, 지원과 조력도 지나치면 오히려 피해를 준다. 중용이 지켜지지 않을 때 고통과 불행이 따르고 분쟁과 파괴가 이어진다. 플라우투스 Plautus 는 이같은 당연지사를 통찰하면서 말하기를 "만사에 중용이 으뜸이다. 과도한 것은 모든 인류에게 고통을 가져온다. 중용의 도가 최선이며, 과격한 것은 모든 분쟁을 일으키는 원인이 된다"고 말하였다.

인간으로서 중용을 지킨다는 것은 쉬운 일이 아니다. 공자도 "중용은 최선의 선 善이지만 이를 행하는 자는 예로부터 매우 적다"고 말하였다. 그러나 진실로 중용을 지키는 자만이 인격자가 될 수 있다. 그리스의 문학가 호라티우스 Horatius 는 "황금 같은 중용에 힘쓰는 사람은 누구나 오막살이의 빈곤을 피한다"고 하였다. 중용을 지키는 사람 사이에 미움이 있을 수 없고, 민족과 국가 간에 분쟁이 있을 수 없다. 성경에서도 중용의 도리에 대해 말씀하기를 "네게 준 율법을 다 지켜라. 그것에서 돌이켜 좌우로 치우치지 마라 수 1:7"고 하였다. 중용은 곧 선의 실천적 원리이고, 건전한 사회를 형성하는 근본요소이며 세계평화와 인류번영의 교리라 할 수 있다.

준비

미래를 준비하는 슬기

준비되었다는 것은 절반의 승리를 거둔 것이다_세르반테스

보람 있는 내일은 오늘의 준비를 통해서 이루어질 수 있다. 인간은 미래를 지향하며 미래는 결국 현실로 다가온다. 그러므로 미래를 미리 준비하는 자세가 필요하며 그 보다 슬기로운 행동은 없다. 세르반테스Cervantes 는 "준비되었다는 것은 절반의 승리를 거둔 것이다" 라고 말하였다. 준비 없이 여행을 떠날 수 없듯이 준비 없이 인생을 살아갈 수 없고, 대책 없이 인류의 장래를 맞이할 수 없다. 준비가 잘되어 있으면 근심이 없고, 어떠한 불행도 막아낼 수 있다. 뚜렷한 목표를 정립한 후엔 구체적 방법론을 통해서 목표 달성을 위한 준비에 만전을 기해야 하며, 실패를 방지하기 위한 대안을 모색해야 한다.

준비는 시간을 필요로 한다. 시간을 들여 가치 있는 일들을 계획하고 준비해 보자. 정성스런 준비는 값있고 보람 있는 인생을 약속할 것이다. 준비할 수 있는 시간의 여유가 언제나 충분한 것은 아니다. 바쁜 일상생활 속에 파묻히다 보면, 일의 우선순위를 잊어버려 중요한 일에 대해 준비를 등한시하기 쉽다. 그러므로 미리미리 시간을 내어 준비하는 지혜가 필요하다.

채근담에서는 "한가할 때 시간을 낭비하지 않으면 바쁠 때에 받아들여 쓸 수 있고, 고요할 때 생각 없이 지나지 않으면 움직일 때 받아들여 쓸 수 있다"고 하였다. 준비하는 시간을 갖는다는 것은 일을 추진하는 시간보다 더 중요하다. 준비를 얼마나 열심히 했느냐에 따라서 일의 성과는 달라지기 마련이다. 시인 오비디우스_{Ovidius}는 "돌아오는 시간을 기다리지 말라. 오늘 준비가 되지 못한 자는 내일은 더욱 그러할 것이다"라고 말하였다. 준비해야 할 시기를 놓치지 말고 신중을 기해야 한다. 땅 위에 충분히 쉬고 있던 새가 한 번 날아오르면 거침없이 창공에 솟구치듯이, 충분히 준비하여 힘을 기른 사람만이 한 번 일을 시작하면 눈부신 활약을 펼칠 수 있다.

준비는 정확하고 충실해야 한다. 어떠한 일을 시작하기도 전에 겁부터 내서는 안 된다. 차분한 마음으로 주도면밀하게 일을 진행시켜야 한다. 보다 발전적인 미래를 위해서는 오늘의 충분한 준비가 필요한 법이다. 내일을 위해 준비하는 사람은 더 높이 더 멀리

떨 수 있는 자격과 자질을 갖추게 된다.

　게으른 사람과 생각이 깊지 못한 사람도 준비할 수 없다. 준비하는 사람은 매사에 진실하며 어떤 일에든지 자신감으로 가득 차 있다. 성경에서도 "여름에 먹을 것을 저장해 두고 추수 때에 양식을 모은다 잠 6:8"고 하여 준비하는 삶을 모범으로 삼고 있다. 준비를 철저히 하는 사람만이 하늘의 도움을 받을 수 있으며, 발전과 행복을 예약해 놓은 것이나 다름없다.

검약

미덕 중의 미덕, 검약

큰 바닷물도 한 방울씩 모여 이루어진다_영국 속담

작은 것은 큰 것의 근원이며 티끌 모아 태산을 이룬다는 것은 상식
으로 통하는 말이다. 영국 속담에 "큰 바닷물도 한 방울씩 모여 이
루어진다"는 말이 있다. "하루에 한 푼이 일 년 후엔 큰돈이 된다"
는 에디슨 _{Edison} 의 말은 평범한 진리이다. 그러나 큰돈의 귀함은 누
구나 느끼고 있으면서도 적은 돈에 대해서는 무시하는 경향을 많이
볼 수 있다. 한 푼을 아낄 줄 아는 사람이 큰돈을 소유할 수 있는 자
격을 부여받게 된다. T. 풀러는 "써야 할 때와 절약해야 할 때를 알
라. 그리하면 당신은 바쁠 필요도 없고, 무일푼이 되지도 않는다"고
부의 비결을 말하였다. 부의 근원은 절약하는 생활 습관에 있는 것
이다. 검소한 생활로 남 앞에 자랑하지 아니하며 쓸 것을 아껴 쓰는

생활이 검약의 생활이다.

검약은 그 자체가 번 돈이나 마찬가지이다. 인문주의자 에라스무스_Erasmus_는 "검약은 훌륭한 소득이다"라고 하였다. 검약은 불필요한 낭비를 삼가는 행위로써, 써야 할 곳에 쓰지 않는 것을 말하는 것은 아니다. 현대인은 지나친 낭비와 대중 소비시대를 지향하고 있다. 개인의 미래와 후손들을 위해서 검약하고 자원을 아껴 써야 한다. 대웅변가 키케로_Cicero_가 "검약은 모든 미덕을 포용한다"라고 하였듯이, 검약은 인격인의 상징이며 모든 미덕을 대표한다. 낭비 뒤에 가난이 오고 검약 뒤에는 부가 온다.

검약의 생활 태도가 쉬운 것은 아니다. 인간은 누구나 돈이 있으면 쓰고 싶고 필요한 물건을 갖고 싶은 본능을 갖고 있고, 마치 검약은 남에게 뒤지고 손해를 보는 것처럼 느껴지기 때문이다. 그러나 검약을 습관화하면 이런 생활태도가 미련한 것이 아닌 지혜로운 행위이고 손해가 아닌 큰 득을 가져온다는 사실을 깨닫게 될 것이다.

"의인의 집에는 값진 보물과 기름이 있지만 어리석은 사람은 자기가 가진 것을 다 없애 버린다_잠 21:20_"는 성경말씀을 늘 상기해야 한다. 개인은 주머니 돈을 아껴야 하고, 국가는 예산을 절약해야 하고, 국민은 자원을 아낄 줄 알아야 한다. 검약은 어려서부터의 실천을 통해서 가능하다. 가정에서 부모들이 검약에 모범을 보이고 사회에서는 성인과 지도자가 솔선수범하여야 한다.

희망

참된 희망

**희망은 신앙과 확신 속에서 성장해 가는 미래의 열매이며,
인내와 갈망 속에서 표현되는 기대이다**

독일의 작가 에른스트 블로흐 Ernst Bloch 는 "인간은 끊임없이 희망을
품는 존재"라고 말하였다. 인간에게 극한 상황에서도 인내와 용기
를 가질 수 있게 만드는 힘은 희망이다. 인간에게 희망이 있는 한,
어떠한 시련이라도 기꺼이 견뎌낼 수 있다. 그러므로 희망이 없는
삶은 영혼 없는 육체요, 향기 없는 꽃과 같다. 희망이 없는 사람에
게는 정열과 생활의 보람이 없다.

희망이 없으면 삶의 목표도 없기 때문에 일시적 쾌락에 탐닉하
여 방종과 타락을 일삼거나 절망 속에서 삶을 포기하게 된다. 이러
한 삶을 반복하는 자들은 순간적으로는 기쁨을 얻을지라도 그것으
로 인한 허탈감은 오래도록 지속되기 마련이다.

희망이란 막연하게 무언가를 바라는 심정이 아니다. 『옥스포드 사전』은 희망이란 "신뢰와 확신의 감정"이라 정의한다. 이런 의미에서 희망은 종교적 성격을 내포하고 있으며 참된 신앙과 직결된다고 볼 수 있다. "믿음은 바라는 것들의 실체며 보지 못하는 것들의 증거 히 11:1 "라고 희망과 신앙의 연관성을 뚜렷이 드러내었다.

하나님은 인간에게 희망을 주시고 그 성취를 약속하셨다. 희망은 신앙과 확신 속에서 성장해 가는 미래의 열매이며, 인내와 갈망 속에서 표현되는 기대이다. 참된 희망은 바람에 그치지 않고, 인간을 불안과 공포에서 해방시켜 주며 또한 보다 강력한 인내와 최선의 노력을 발휘하게 한다.

그러므로 희망은 결코 현실 도피처 또는 정신적 아편과 같은 것이 아니며, 노력 없이 값진 결과만을 바라는 망상도 아니다. 참된 희망은 시간의 한계를 초월하여 영원 속으로 도약하는 믿음이다. 궁핍한 상황 또는 피폐한 환경 속에서 더욱 강인하게 자라나는 것이 희망의 속성이다. 하나님을 향한 믿음 속에서 희망을 키우고 그리스도의 말씀 속에서 희망의 실현을 약속 받은 자들은 결코 자신의 열악한 현실과 환경을 탓하지 않는다. 자신에게 도움을 주지 않는 사람들을 원망하거나 책임을 전가하지도 않는다. 참된 희망을 간직한 사람은 오로지 미래의 목표를 성취할 날을 고대하며 그날의 열매를 위해 오늘의 현실 속에서 성실히 땀을 흘린다. 희망을 소중히 여기는 사람은 비록 보이지는 않지만 분명히 존재하고 있을 미래의 축복을 향해 오로지 신앙과 노력을 양손에 쥐고 달려가는 자이다.

희생

보람을 위한 헌신, 희생

어떤 종류의 희생 없이 어떤 실제적인 것을 얻은 적이 있는가?_A. 헬프스

희생은 사회적 공익을 달성하기 위하여 자신의 지식과 노력, 기술과 물자를 아낌없이 헌납하고자 하는 정신을 말한다. 부모의 희생으로 자녀는 성장하게 되고 많은 사람들의 희생으로 사회는 발전하게 된다.

A. 헬프스A. Helps 는 "어떤 종류의 희생 없이 어떤 실제적인 것을 얻은 적이 있는가?"라고 질문하면서 오늘의 사회적 현실이 희생의 산물임을 강조하였다. 인간은 누구나 희생의 수고에 따라 풍족한 삶을 누릴 수 있는 것이다.

그러나 현대사회에서 희생정신은 점차 사라지고 있다. 많은 사람들이 눈앞에 보이는 이익만을 추구하며 노력 없이 우연한 결과만을 얻으려 한다. 다른 사람을 즐겁고 행복하게 하려면 어떻게 해야하는지를 생각하지 않는다.

희생은 무수한 결실을 낳는 씨앗이며 미래의 보람을 위한 헌신이다. 희생에는 육체적인 고통이 따르며 일시적인 손실이 수반되지만 세월이 흐르면 몇 배의 유익을 가져다 준다. 도스토예프스키 Dostoevskii 는 "자기를 희생하는 것만큼 행복한 일은 없다"고 하였고, 영국 속담에도 "희생을 치르는 것이 클수록 명예도 또한 크다"고 하여 희생의 선한 결실을 보증해 주고 있다. 자기를 희생할 줄 아는 사람은 신의와 사랑이 충만한 자이다. 주위의 많은 사람들에게 존경을 받으며 인격자로 추앙받는다.

웃어른을 공경하는 일, 이웃을 돕고 협조하는 일, 권익을 양보하고 다른 사람을 높이받들려는 겸허한 행동은 모두가 자기희생에서 우러나온 아름다운 열매들이다. 남에게 도움을 주는 일이라면 서슴지 말고 행동으로 옮기자. 성경에도 "밀알 하나가 땅에 떨어져 죽지 않으면 한 알 그대로 있고 죽으면 많은 열매를 맺게 된다_{요 12:24}"고 희생의 미덕을 권장하고 있다. 내 작은 희생은 세상을 밝히는 촛불이 되며 내 작은 노고_{勞苦} 는 인류발전의 밑거름이 될 것이다.

조화

복심을 절제하며 조화를 추구하는 마음

선과 악, 행복과 불행, 가난과 부유는 마음에 달려 있다_스펜서

D. 흄_{D. Hume}은 "인간의 마음은 모순을 조화시키도록 만들어져 있다"고 하였다. 마음이 있는 곳에 길이 있고, 마음을 다하는 곳에서 모든 어려운 문제가 해결된다. "마음이 하나로 정해지면 만물이 그것에 따른다"는 장자의 말처럼, 모든 것은 마음먹기에 달려 있다고 볼 수 있다. 인간의 행실은 마음의 표현이다. 인간의 마음을 어떻게 가꾸느냐에 따라서 선의 요소가 자라나기도 하고 악의 요소가 뿌리 내리기도 한다.

옷에 묻은 먼지는 말끔히 털면서도 마음에 쌓인 먼지는 털어 내지 않으려는 사람이 많다. 순간순간 마음을 더럽히는 탐욕과 불의를 씻어내고자 노력해야 한다. 몸을 복종시키듯 항상 선한 의지로

마음을 다스려야 한다. 키케로Cicero는 "몸에 병든 자와 마찬가지로 마음에 병든 자는 건강할 수 없다"고 하였다. 인간에 대한 사랑, 평화를 향한 희망으로 마음을 가득 채울 때에 비로소 정신과 육체가 다같이 건강을 향유할 수 있게 된다.

영국의 시인 스펜서Spenser는 "선과 악, 행복과 불행, 가난과 부유는 마음에 달려 있다"고 하였다. 마음이 즐거우면 힘든 일에도 보람을 찾고, 마음이 괴로우면 좋은 일에도 불만을 갖게 된다. 즐거운 마음으로 인생의 길을 걷는 자는 모든 일에서 만족과 감사를 얻는다. 마음이 평화로우면 눈을 감고도 밝은 태양과 푸른 하늘을 볼 수 있고, 마음에 불만이 가득한 자는 눈을 뜨고도 어두운 하늘만을 보게 될 것이다. 토마스 A. 켐피스Thomas A. Kempis는 "우선 너 자신 속의 평화를 지켜라. 그러면 다른 사람들에게도 평화를 가져다 줄 수 있다"고 하였다. 청빈한 마음, 자족하는 마음은 사회 발전의 원동력이자 인류사회의 등불이다.

욕심을 절제하며 조화를 추구하는 마음이 있는 곳엔 번영과 행복이 약속된다. 성경도 "마음이 깨끗한 사람들이여, 그들은 하나님을 볼 것이다.마 5:8"라고 강조하였다. 아름다운 사회, 살기 좋은 사회의 기틀은 구성원들의 평화롭고 선한 마음에서 형성된다. 사회의 미래를 비추어 주는 거울은 오늘의 우리들 마음이다.

신중

길은 생각으로 다져진 신중한 태도

가장 훌륭한 선은 신중성에서 나온다_에피쿠로스

현대인은 생각 없이 행동을 앞세우는 경향이 있어 많은 실패와 불화를 낳고 있다. 이를 경계하려는 뜻에서, 영국의 수상이었던 윈스턴 처칠Winston Churchill은 "영웅의 마음에서까지도 신중함은 더욱 좋은 요소이다"라고 말한바 있었다.

신중한 태도야말로 인간이 지켜야 할 윤리, 도덕의 근원이라 할 수 있다. 신중한 태도 속에 거짓이 있을 수 없고 허위와 과장이 있을 수 없다. 만인의 숭상을 받는 세계적 위인은 신중한 태도가 몸에 배인 사람들이며 그들의 성공은 신중한 노력의 결과라 할 수 있다.

신중성이란 좀 더 상세히 살펴보고 깊이 생각하며 구체적으로 파악하는 태도를 의미한다. 그리스의 철학자 에피쿠로스Epicouros는

154

"가장 훌륭한 선은 신중성에서 나온다"라고 하였다. 우리나라 속담에도 "아는 길도 물어가고, 돌다리도 두들겨 보고 건너라"는 말이 있다. 이는 단순한 격언에 불과한 말이 아니라, 모든 진리는 신중성에서부터 출발한다는 것을 강조하는 교훈이다.

신중성은 모든 일에 원만한 해결책을 가져다주며 뜻한 바를 이룰 수 있게 해준다. 에우리피데스Euripides 는 "행운은 항상 신중한 자의 편을 들어 싸운다"라고 하였다. 신중함을 무기로 삼는 자에게 두려움이 있을 수 없고 어려움도 가벼워진다.

신중한 태도는 모든 인간관계에서 신뢰의 바탕을 이룬다. 신중한 자는 믿을 수 있는 사람 중에서도 단연 으뜸가는 사람이라 할 수 있다. 신중한 개인은 인격을 쌓게 되고 신중한 사업가는 기업을 번성케 한다. 신중한 사람들이 모일 때 신뢰할 수 있는 사회가 이루어진다.

사회에 만연하는 부조리와 비능률, 불화와 알력, 대립과 투쟁은 신중성이 결여된 생활 태도의 결과라고 볼 수 있다. 그러므로 성경에서도 인간의 성급함과 경박함을 경계하여 "자제력이 없는 사람은 성벽이 무너져 내린 성과 같다잠 25:28"고 권고하였다. 사려 깊지 못한 행동은 불행을 초래할 수 있으며, 반면에 신중한 말과 행동은 인생을 반석 위에 올려놓는다는 것이다.

그러나 꾸준한 노력과 실천이 따르지 않는다면 신중함을 삶의 차원으로 승화시킬 수 없다. 말 한마디를 던지기 전에 상대방을 위한 말을 찾는 태도, 사물의 성격과 사건의 전후과정을 세심하게 살피는 태도를 기를 때만이 신중성은 모든 행동을 움직이는 삶의 기준으로 정착될 수 있다.

노력

노력은 성숙에 이르는 연단과정

무릇 훌륭한 것은 노력을 통해서만 얻을 수 있다_톨스토이

과학 문명의 발달, 위대한 예술작품은 모두 인간 노력의 산물이다. 어느 것 하나 노력 없이 이루어진 것이 있겠는가? 노력이란 발전적 목표를 정하여 하나하나 단계를 밟아가며 실천하는 것이다. 인생이 발전을 거듭한다는 것은 노력하고 있다는 것을 의미한다. 노력 없는 삶은 가사假死 상태에 처해 있는 것과 다름없다. "게으른 사람은 가난하게 되고 부지런한 사람은 부요하게 된다잠 10:4"고 하였다. 다른 사람의 노력을 능가하는 노력을 통해서만 좀 더 큰 결실을 가질 수 있고 보람을 누리게 된다. 적은 노력을 통해서는 적은 것만을 얻을 수 있을 뿐이다. 어제의 불가능을 오늘의 가능으로 만들고, 전세기前世紀의 공상을 금세기今世紀의 결실로 실현시킨 열쇠는 인간의 노력인 것이다. 마르코니의 말처럼 "진정 무서운 것은 인간의 노력" 인 것이다. 노력해서 해결될 수 없을 만큼 어려운 일은 없다. 노력은 자연적으로 발생하는 것이 아니라 의욕과 땀과 고통을 수반해야 한다.

로마가 하루아침에 이루어지지 않은 것처럼 위대한 일에는 시간이 필요하다. 땀을 흘리고 열매를 성숙시키는 과정이 필요한 것이다. 영국의 시인 윌리엄 블레이크William Blake 는 "작은 꽃 한 송이를 만드는 데도 오랜 세월동안 자연의 노력이 필요하다"고 말하였다. 자연조차도 스스로의 노력을 통해 생명을 보전하듯이, 자연에게서 삶의 자양분을 얻는 인간도 스스로 노력하지 않는다면 생명을 유지할 수 없다.

환경과 여건이 좋지 않다 하더라도 이를 발전적 요소로 삼아 꾸준히 노력하면 안 될 것이 없다. 세계사에 빛나는 위인들은 어려운 여건을 극복하고 뜻을 이룬 증인들이다. 평생 동안 언어를 갈고 다듬는 노력을 통해 위대한 문학작품을 창조하였던 톨스토이Tolstoi 는 "무릇 훌륭한 것은 노력을 통해서만 얻을 수 있다"고 고백하였다. 우리는 미국의 제16대 대통령 링컨과 발명왕 에디슨Edison 이 최선의 노력을 통하여 어려운 환경을 극복하고 인류사회에 크게 이바지하였다는 사실을 잊어서는 안 될 것이다.

무쇠도 갈면 바늘로 쓸 수 있고 녹슬어 버려진 쇠붙이도 달구어 두드리면 칼로 쓸 수 있다. 미래의 시간은 누구에게나 공평하다. 그리스의 비극 작가 에스킬러스 Aeschylus 가 "신은 힘써 일한 자에게 노력의 소산인 영광을 돌려 준다"라고 말하였듯이 하나님은 노력하는 자에게 밝고 찬란한 삶을 허락해 주실 것이다.

역경

역경은 인생의 시금석

번영도 훌륭한 스승이지만 역경은 더 위대한 스승이다_헤글리트

인생의 목표가 클수록 고난과 역경 또한 크게 마련이다. "고난이
클수록 영광도 크다"라는 키케로_{Cicero}의 말처럼 위대한 역사는 고난
의 역사였고 위대한 문화는 많은 사람들의 노고의 결실이었다.

　역경을 경험하지 못한 사람은 작은 고난에도 실망하고 좌절하게
된다. 청소년 시절부터 역경에 도전하는 의지를 기르고, 어떤 역경
도 이겨낼 수 있는 힘을 길러야 한다. 역경을 경험함으로써 더 큰
역경을 이길 수 있는 힘을 키우게 된다. 인류 역사상 위대한 지도자
들은 모두 역경에 도전하고 이를 극복한 사람들이다. 로마의 철학
자 세네카_{Seneca}는 "불은 금의 시금석이요, 역경은 강한 인간의 시금
석이다"라고 하였다. 쇠를 불에 달구고 두드려야 강철의 구실을 하

게 되듯이, 인간은 고난과 역경을 극복해야만 훌륭한 인물이 될 수 있다.

역경은 또한 인격을 다듬어 준다. 인격은 세상의 풍파를 겪는 가운데서 더욱 견고한 열매로 성숙되어 간다. 어떤 농부가 이른 봄 농사를 지을 때부터 "내가 원하는 대로 모든 것을 보내주시기를 바랍니다"라고 간절히 기도하였다. 어느 날 천사가 나타나서 "네가 기도한 것을 하나님이 듣고 네가 구하는 대로 주시겠다 하였으니 이제부터 농사짓는 데 필요한 것을 무엇이든지 구하라"하고 떠났다. 매우 기뻐한 농부는 땅이 가물면 기도하여 비를 흡족히 얻고, 날이 흐리면 기도하여 햇빛을 얻고, 날이 찌는 듯이 더우면 햇빛을 가려 달라고 기도하였다. 그러나 가을이 되어 추수를 하게 되었는데 알곡이 적고 쭉정이가 많이 생겨서 농부는 적잖이 실망하였다. 불만을 품고 있는 농부에게 천사가 다시 와서 말하기를 "네가 곡식이 결실하는 데 필요한 한 가지를 구하지 않아 쭉정이가 많이 생겼다. 그 구하지 않은 것은 바람이다"라고 하였다.

바람은 곡식이 익어가는 데 없어서는 안 될 필수 자양분이었다. 이 예화 중에서 '바람'은 역경을 의미하는 비유라 할 수 있다. 우리의 인격을 연단하기 위해서는 반드시 역경이 필요함을 시사해 주는 것이다. 사람은 역경을 만날 때에 비로소 스스로를 반성하게 되고 하나님을 향하게 된다. 역경은 우리의 삶을 하나님께 전적으로 위탁할 수 있는 좋은 기회이다.

우리는 비록 연약하지만 하나님은 강하시며 믿는 자에게는 능치 못함이 없음을 믿고 역경을 두려워하기보다는 역경에 도전하는 의지와 힘을 달라고 하나님께 간구해야 한다. 평범한 사람은 역경의 벽 앞에서 후퇴를 하고, 위대한 사람은 역경을 계기로 발전한다.

고통
고통을 먹고 자라는 사색의 결실

고통은 잠시요, 즐거움은 영원하다_프리드리히 쉴러

고통과 즐거움은 인간의 마음에 자리 잡은 두 가지의 지류이다. 이 두 가지는 개별적으로 존재하면서도 상호 보완하며 공존의 관계를 유지한다. T. 풀러_{T. Fuller} 는 "누구의 마음에도 그 나름의 고통이 있다"라고 하였다. 고통을 경험해 보지 않은 사람은 한 사람도 없을 것이다.

그러나 고통 없이 즐거움을 찾을 수는 없다. 고통이 지난 후에는 평안이 따르는 법이며 지난날의 고통은 훗날의 기쁨을 더욱 크게 해준다. 입에 쓴 것이 몸에 이롭다는 말이 있다. 성경에서도 "우리가 잠시 당하는 가벼운 고난은 그것 모두를 능가하고도 남을 영원한 영광을 우리에게 이뤄 줄 것입니다 _{고후 4:17}"라고 말씀하였다. 순간의 고통을 이기지 못하는 자는 행복의 문을 열 수 없다.

프랑스의 인상파 화가 르노와르 P. A. Ronoir 는 말년에 관절염으로 많은 고생을 겪었다. 그러나 질병의 고통도 그의 창작 열의를 꺾지는 못했다. 그는 식은땀이 흐르는 온 몸의 고통을 참아가면서 붓을 들었다. 이 모습을 지켜본 친구가 그에게 "자네는 왜 그렇게 자신을 괴롭히는 일을 멈추지 않고 있나?"라고 물어 보았다. 그러자 르노와르는 붓을 잠시 내려놓은 뒤 살며시 웃으며, "고통은 지나가 버리지만 예술은 언제나 남아 있다네"라고 대답하였다. 현재의 고통은 미래의 영광을 비추어 주는 거울인 것이다.

사무엘 존슨 Samuel Johnson 은 "고통 뒤에 쾌락이 따르지 않는다면 누가 고통을 참겠는가?"라고 하였으며 독일의 극작가 쉴러 Sheeler 도 "고통은 잠시요, 즐거움은 영원하다"고 말하였다. 이처럼 고통 자체를 즐거움의 신호로 여길 줄 알아야 한다. 무더위 속에서 땀 흘리며 일하는 농부는 가을의 결실을 상상하기에 지칠 줄 모른다. 아기를 낳는 어머니는 잠시 후에 보게 될 아기를 기대하기에 고통을 견뎌낼 수 있다. 작은 고통을 이겨내지 못하면 이보다 더욱 큰 난관을 헤쳐 나갈 수 없다.

인간은 살아가면서 예기치 않은 고통과 부딪친다. 정신적 고통이 있을 때도 있고 육체적 고통이 따를 수도 있다. 평소에 고통을 이기는 훈련이 없다면 어떤 일을 하더라도 성공을 거두기 어렵다. 어린이에게 많은 질병이 찾아드는 것은 질병에 대한 저항과 면역을 키우는 과정이라 할 수 있다. 큰 결실을 얻으려면 고통을 두려워하지 말아야 한다.

고통은 최대의 기쁨을 생산하는 최소의 투쟁이다. 역설적인 이야기이지만, 고통을 이기는 방법은 고통을 경험하는 것이다. 수영을 배우기 위해서는 물에 들어가 물을 먹어야 하듯이, 고통을 경험하지 않고서는 극복의 길을 찾을 수 없다. 고통을 경험하지 않고선 고통을 겪는 자의 처지를 이해할 수 없으며 인생의 깊은 의미를 모르게 된다. 훌륭한 인격자로 성장하려면 사회에서의 온갖 고통을 극복할 수 있는 의지를 키워야 한다.

성격

좋은 성격은 하나님의 그릇

하나님에게 쓰임 받을 수 있는 이유는
그들에게 하나님이 쓰시기에 합당한 성격이
갖추어져 있기 때문이다_위트니스 리

성격이란 한 사람의 내면세계를 비추어 주는 거울이다. 국어사전
에 따르면 성격이란 각 사람의 고유한 기질, 인품, 도덕성, 사회적
태도를 나타내는 특성이며, 습관, 정조, 이상 등의 통합된 것이라고
하였다. 따라서 성격이야말로 한 사람의 진정한 모습이라 할 수 있
다. 본래 기질과 성품은 타고 나는 것이지만 성격은 교육과 훈련을
통하여 변할 수 있는 것이다. 이런 의미에서 천성은 타고난 것이고,
성격은 일상생활에서 형성되는 것이다.

성경에서는 성격을 "마음의 숨은 사람"이라 표현하고 있다. 위트
니스 리 Witness Lee 는 그의 저서 『성격』에서 "하나님에게 쓰임 받을 수

있는 이유는 그들에게 하나님이 쓰시기에 합당한 성격이 갖추어져 있기 때문이다. 성격은 곧 인물이다. 아브라함과 바울과 모세는 아주 좋은 성격을 가졌기 때문에 하나님께 가장 크게 쓰임을 받았다. 당신이 하나님께 쓰임 받는 운명은 당신의 성격에 달려 있다. 당신이 하나님 앞에서 쓸모 있는지 없는지는 당신의 성격이 하나님이 쓰시기에 합당한지의 여부에 달려있다"고 하였다. 사람이 어떤 위임을 받고, 어떤 책임을 맡아 어떤 일을 하는지는 전적으로 그의 성격에 달려 있다. 그렇다면 하나님이 쓰시기에 좋은 성격은 어떤 것인가?

첫째, 하나님이 쓰실 그릇은 진실한 성격이다. 진실이란 안과 밖이 일치하는 상태이다. 진실하지 않은 사람은 주님의 손에 쓸모가 없다. 모세는 아주 진실한 사람이었다. 진실하지 않은 사람의 인생은 모래 위에 집을 지은 것과 같아서 주님께 중대한 일을 부여받을 수 없다. 진실한 사람이란 성경말씀에 비추어 하나님의 공의에 따라 자신의 행동을 조정하고 통제하는 사람이다. 공의를 그르치는 사람은 올바른 일을 해 낼 수 없다. 다른 사람을 위한 희생도 공명정대하고 진실한 성격에서만이 가능하다.

둘째, 하나님이 쓰실 그릇은 성실한 성격이다. 게으른 사람은 하나님 앞에서 쓸모가 없다. 성실은 하나님의 종들에게는 가장 중요한 성격이다. 성경은 우리에게 "열심을 내 일하라 롬 12:11"고 하였다.

영적인 풍족함은 근면에서 온다. 게으름은 궁핍을 초래하게 마련이다. 그러므로 하나님을 섬기는 사람은 반드시 성실한 성격을 길러야 한다.

셋째, 하나님이 쓰실 그릇은 인내하는 성격이다. 참을 수 있는 사람만이 기다릴 수 있다. 인내는 기다리는 것이지 느림이 아니다. 인내는 모든 일에 소홀하지 않으며 조급해하지 않는 것이다. 단 한 번에 모든 것을 바라는 사람은 하나님의 일을 할 수 없다. 인내하는 성격을 가진 사람은 풍성한 복을 누릴 자격이 있다. 하나님의 뜻을 기다리고 그 뜻을 깨달은 후에야 행동하기 때문이다.

한 사람이 추구하는 일은 그 사람의 성격과 절대적인 관계가 있다. 사람의 성격에 따라 일의 종류뿐 아니라 일의 성패가 결정된다. 얼마나 성격이 좋은지에 따라서 그의 지위와 명성도 결정된다. 헤라클레이토스Heraclitos 는 "성격은 사람을 안내하는 운명의 지배자이다"라고 하였다. 매사에 진실하고 성실하며 인내하는 성격을 소유할 때 훌륭한 인물이 될 수 있다. 사람이 자기에게 맡겨진 일을 완수하지 못하는 것은 습관의 문제가 아니라 성격의 문제이다. 하나님의 그릇으로 쓰임 받고 또한 사람의 필요를 채워 줄 수 있는 그릇으로 살아가려면 진실과 성실과 인내가 조화를 이룬 좋은 성격을 '나'의 것으로 삼아야 한다.

하늘의 복을
전하는
사색의 손길

화평

사색으로부터 열리는 화평의 길

> 화평하게 하는 자들은 화평으로 심어
> 의의 열매를 거두느니라_야고보서 3:18

화평은 인간 세계의 목표이며 생활의 지표이다. 화평이란 항상 마음이 기쁘고 평안하며 다른 사람과 화목하고 평화롭게 사는 것을 뜻한다. 화평은 정신적으로만 느끼는 것이 아니라 우리의 생활 속에서 찾을 수 있는 것이다. 부자이면서 마음이 편치 못한 사람이 있고 가난함에도 마음 편히 사는 사람도 있다. 화평은 물질의 소유, 지위의 높고 낮음에 있는 것이 아니며 보람 있는 일을 할 때에 이루어진다. 자기 자신의 이익보다 이웃과 사회를 위해 봉사하는 것이 화평으로 가는 지름길이다.

화평이 있는 곳에 원망과 불평이 사라지고 사랑과 자비가 넘친다. 모든 악한 것을 기억하지 않으며 영혼의 샘에서 겸손과 친절이 흘러나온다. 그러므로 성경에서는 "화평하게 하는 자는 복이 있나니 그들이 하나님의 아들이라 일컬음을 받을 것임이요 마 5:9"라고 하였다. 화평을 이루는 사람은 매사에 긍정적이고 의욕적이며 웃음과 노래가 끊이지 않는다. 가능한 한, 모든 사람과 더불어 화평하게 하는 일을 도모하라. 화평을 위해 일하는 자에게 행복이 있고 화평을 논하는 자에게 희락이 있다.

화평하게 하는 일은 누구나 원하지만 쉬운 일이 아니다. 모욕과 고통을 당할 때에도 참고 견디는 사람만이 화평을 주도할 수 있다. 자신의 주장만을 내세우지 말고 상대방을 먼저 이해해야 하며 언제나 자애롭고 다정해야 한다. 윌리엄 블레이크 William Blake 가 "서로 각자의 잘못을 용서하는 것, 그것이 천당의 문이다"라고 하였듯이 다른 사람의 잘못을 용서할 때 화평이 구현되며 그것은 천국의 서광이나 다름없다.

화평케 하는 사람이 되자. 성경은 "화평하게 하는 자들은 화평으로 심어 의의 열매를 거두느니라 약 3:18"고 하였다. 우리 모두의 학력과 재력, 기술과 능력을 화평케 하는 일에 사용해 보자. 가정과 이웃, 직장에서 화평케 하는 사람들이 많아져 화평에 익숙해질 때 비로소 우리 사회는 천국에 가까이 다가서게 될 것이다.

예절

작고 진지한 예절

작은 물방울과 작은 모래알이 거대한 대양과 대륙을 만든다_J. 카니

일상생활에서 작은 일을 무가치하게 여기고 무시해 버리기 쉽다. 크고 복잡한 일들이 많기 때문에 작고 간단한 것에 신경을 쓸 사이가 없다고 말할지도 모른다. 그러나 작은 것 없이 큰 것이 있을 수 없고 단순한 것 없이 복잡한 것은 존재할 수 없다. J. 카니는 "작은 물방울과 작은 모래알이 거대한 대양과 대륙을 만든다"고 하였다.

　사회생활 속에서 작은 일을 소홀히 하여 큰일을 망치는 경우를 종종 보게 된다. 그래서 "성냥개비 한 개가 능히 아방궁을 태워버리고 개미구멍 같이 작은 구멍이 때로는 큰 제방을 무너뜨린다"는 말이 있다. 계획한 일을 성취하려면 작고 사소한 일부터 정성들여 이루어야 한다. 또한 작은 것을 아끼고 귀히 여기는 생활태도를 가져야 한다.

사람과 사람 사이에도 작은 일은 중요하다. '작은 예절쯤이야' 하는 생각으로 예절을 지키지 않는다면 가장 가까운 사이일지라도 그 관계가 깨지기 쉽다. 성경은 "지극히 작은 것에 충성된 자는 큰 것에도 충성되고 지극히 작은 것에 불의한 자는 큰 것에도 불의하니라눅16:10"고 말하고 있다. 노자老子는 "묘목을 중시할 줄 알아야 거목을 얻을 수 있는 것처럼 이 세상에서 가장 위대한 일은 작은 일에서부터 시작되는 것이다"라고 하였다.

예의 바른 인사와 전화로 주고받는 한마디의 말이 명랑한 사회 건설의 초석임을 알아야 한다. 눈에 보이는 것보다도 눈에 안 보이는 것에 신경을 써야 하고, 외형보다는 내면의 질質을 충실하게 가꾸어야 한다. 작은 행동이라도 바르게, 잠시라도 충실하게, 쉬운 일에도 최대의 노력을 다하자.

친절

신뢰를 낳는 친절한 손길

남에게 대접을 받고자 하는 대로 너희도 남을 대접하라_누가복음 6:31

인간은 누구에게나 친절해야 한다. 친절이란 어려운 일을 당한 사람을 정성껏 돌보아 주거나 다른 사람의 불편을 해소하여 편안하게 해 주는 것을 뜻한다. 이런 의미에서 친절은 모든 사람에게 친밀감과 좋은 인상을 주게 된다. 친절은 사회가 복잡하고 인정이 메마른 곳에 윤활유의 역할을 한다. 그렇기에 그리스의 우화작가 이솝 Aesop 은 "친절한 행동은 아무리 작은 것이라도 결코 헛되지 않는다"라고 하였다. 친절은 베푸는 사람과 받는 사람 모두를 흐뭇하게 만든다. 특히 친절을 받으면 잘 잊혀지지 않고 감사한 마음을 간직하게 된다.

흔히 잘 아는 사람, 이해관계가 있는 사람에게는 친절하지만 아무 이해관계가 없을 때는 불친절하거나 무관심하기 쉽다. 이러한 태도는 사회발전의 저해 요인이기 때문에 시급히 개선되어야 한다.

J. 카니_{J. Carney} 는 "약간의 친절한 행동, 약간의 사랑의 말은 이 세상을 천국처럼 만드는 데 도움이 된다"라고 말하였다. 나의 친절한 말 한 마디가 다른 사람에게 도움이 되고 위로와 용기를 주게 된다면 얼마나 좋은 일인가!

친절한 사람이 되자. 친절한 사람은 그 말씨가 곱고 온유하며 항상 맑고 명랑하다. 그리고 친절한 사람의 태도는 언제나 겸손하고 정중하다. 친절을 베푸는 사람은 선한 사람이며, 인정이 넘치는 순수한 사람이다. 그러므로 시인 로버트 번스_{Robert Burns} 는 "마음이 착하고 친절한 자가 하나님을 가장 닮은 자"라고 하였다.

친절은 저절로 생기는 것이 아니라 서로가 노력해서 얻어지는 것이다. 그리스의 비극 작가 소포클레스_{Sophocles} 의 말처럼 "친절한 행위가 바로 친절한 행위를 낳기 마련"이다. 우리가 좀 더 부드럽고 다정한 말로 모든 사람을 대한다면 서로 간에 좀 더 친근해지고 아끼게 되며, 서로 신뢰의 관계를 맺을 수 있게 된다. "남에게 대접을 받고자 하는 대로 너희도 남을 대접하라_{눅 6:31}"는 성경말씀을 가슴에 새기며, 상대방에게 먼저 베푸는 사람이 되도록 노력하자. 다른 사람을 후대하면 그만큼 하늘로부터 축복이 오기 마련이다.

인사

닫힌 문을 열고, 막힌 담을 허무는 인사

> 낯선 사람에게 품위 있고 예의바른 것은
> 세계의 시민임을 보이는 것이다_프랜시스 베이컨

친절한 인사로 시작한 하루는 한결 부드럽고 상쾌하다. 아무리 지식이 많고 지위가 높다 하더라도 인사할 줄 모르면 동물과 같은 것이다. 인사는 사람을 사람답게 하는 도리이다. 인사는 사람에 대한 공경의 표시이며, 감사와 고마움의 표현이다. 정중하고 예의바른 인사는 누구에게나 호감을 주게 되고, 원활한 대화를 가능하게 해 주며 서로의 관계를 더욱 친밀하게 해 준다. 인사를 함으로써 자기 자신의 표정도 항상 밝고 부드러워질 수 있다.

인사를 제대로 하지 않으면 좋은 인상을 주지 못하고 올바른 인간관계를 맺을 수 없다. 인사를 할 때는 대상을 차별하거나 가려서는 안 된다. 언제 어디서 누구를 만나든지 공손하게 예의를 표해야 한다. 성경에서도 "형제에게만 인사한다면 남보다 나을 것이 무엇이겠느냐? 마 5:47"고 하여 인사의 공평성을 말하고 있다. 아는 사람과 낯선 사람을 구분하지 않고서 만날 때마다 친절한 태도로 인사를 하자. 프랜시스 베이컨Francis Bacon 은 "낯선 사람에게 품위 있고 예의바른 것은 세계의 시민임을 보이는 것이다"라고 하였다. 물론 평소에 가까이 지내는 사람이나 은혜 입은 사람에게 명절 또는 생일에 직접 찾아뵙고 감사를 표하는 것은 두말 할 나위가 없다.

인사는 실질적으로 많은 사람을 친근하게 하고 서로 간의 감정을 흐뭇하게 해 주는 힘이 되기도 한다. "예의는 모든 문을 연다"는 T. 풀러T. Fuller 의 말과 같이, 생활 중의 인사는 모든 관계의 문을 연다. 인사는 비용을 안들이고 많은 것을 얻게 해준다. 정중하고 예의 바른 인사는 많은 어려움을 해결해 주기도 한다. 그러므로 인사는 성공의 첫 관문이 되기도 한다. 인사는 항상 평화롭고 안정된 마음에서 우러나와야 한다. 인사는 인생을 보다 즐겁게 하고 세상을 보다 환하게 만드는 촉진제이다.

양보

모두에게 평안을 주는 양보

> 평생토록 길을 양보해도 백보에 지나지 않을 것이며
> 평생토록 밭두렁을 양보해도 한 마지기를 잃지 않는다_소학

인간은 혼자 고립되어 사는 것이 아니라 많은 사람과의 관계에서 보람과 행복을 추구한다. 인간은 각기 개성과 가치관과 추구하는 목표가 다르기 때문에 대립과 마찰이 형성될 가능성이 높다. 서로의 양보가 없다면 우리 사회는 혼란과 무질서가 야기될 것이다.

인간이 사회생활을 하는데 있어서 가장 기초적인 예의 중에 하나가 양보이다. 사실 남에게 양보한다는 것은 말로는 쉬우나 실제로는 어려운 일이다. 양보에는 항상 자기희생이 따르지만 무한한 정신적 위로와 보람이 주어진다. 양보를 해야 할 경우에도 자신이 모자라거나 손해 보는 것으로 생각되어 망설이는 사람이 많다. 서로가 조금씩 양보하면 낯을 붉히거나 다툴 필요가 전혀 없다. 그러

므로 양보야말로 인간생활의 최상의 미덕이라 할 수 있다.

그러면 어떻게 사는 것이 양보하며 사는 길일까? 『채근담』에서는 "좁은 지름길에서는 한 걸음 멈추어 남을 가게 하고 맛 좋은 음식이 있을 때에는 삼분三分을 감해서 남에게 양보하며 맛보게 하라. 이것이 바로 세상을 살아가는 최상의 방법"이라 하였다. 미국의 제16대 대통령 링컨Lincoln도 "가장 훌륭한 사람이 되고자 결심한 사람일수록 사사로운 언쟁에 시간을 낭비하지 말고 약간의 양보를 하라"고 강조하였다. "평생토록 길을 양보해도 백보에 지나지 않을 것이며 평생토록 밭두렁을 양보해도 한 마지기를 잃지 않는다"는 『소학小學』의 교훈처럼 양보는 일시적으로 손해를 보는 것 같으나 두고두고 기쁨과 유익을 가져다 준다.

양보를 가능케 하는 것은 곧 겸양이다. 매사에 자기 자신의 공로와 능력을 내세우며 자랑하는 사람에게서 양보의 미덕을 기대할 수는 없다. 그러므로 성경에서도 "누구든지 자기를 높이는 사람은 낮아지고 누구든지 자기를 낮추는 사람은 높아질 것이다마 23:12"라고 하였고, G. 허버트G. Herbert도 "겸양은 새로운 명예에 이르게 한다"고 하여 겸양의 가치를 숭상하였다. 겸손한 자의 양보는 마음을 평안케 하고 다른 사람에게 기쁨을 주며 공동체의 구성원들에게 화평을 가져다 줄 것이다.

공손

바른 정신이 깃드는 공손한 태도

공손과 인간성과의 관계는 따스함과 밀초의 관계와 같다_쇼펜하우어

공손이란 사회의 구성원으로 지켜야 할 예의범절을 의미한다. 언행
이 바르고, 타인에게 불쾌감을 주지 않고, 오히려 상대방을 흐뭇하
게 하고, 즐겁게 하는 태도를 의미한다. 공손하려면 먼저 상대방에
대한 존경심을 앞세우고, 친절하게 대하여야 한다. L. 류이전은 "공
손이란 가장 친절한 방법으로 가장 친절한 것을 행하고 말하는 것
이다"라고 하였고, 독일의 철학자 쇼펜하우어 Schopenhauer 는 "공손과 인
간성과의 관계는 따스함과 밀초의 관계와 같다"라고 말한 바 있다.
　공손한 태도란 서두르지 않고 바른 자세를 취하며, 부드러운 말
과 침착한 행동을 취하는 것이다. 공손한 자세에서 바른 정신이 깃
들며 화목한 인간관계가 형성된다. 공손한 태도에 대하여 거친 욕

설이 나올 수 없고 미움이 싹틀 수 없다. 공손은 마음으로부터의 존경과 사랑의 표현이며 믿고 따르겠다는 무언의 태도이다. 그렇기에 공손이 있는 곳에 웃음과 질서가 있고 화해와 협동이 있다.

"공손은 주름살을 편다"는 주메르의 말처럼, 공손한 태도 앞에 분노는 봄기운에 눈이 녹듯 사라지게 된다. 『소학小學』에서 "위에 있으면서 교만하지 않으면 아무리 지위가 높아져도 위태하지 않고, 예절과 법도를 삼가면 아무리 재물이 가득해도 넘치지 않는다"라고 하였다.

공손은 예의의 기본으로서 인격의 척도이며 사람 됨됨이의 상징이다. 아무리 미모가 아름답거나 지식이 풍부해도 공손하지 못하면 대우를 받을 수 없다. 공손은 사회 질서를 유지하고 발전시키는 원동력이 된다. 가정이 화목하려면 서로 공손해야 한다. 사업이 번창하려면 사원 모두가 고객에게 공손한 태도를 보여야 한다. 성경말씀에도 "무엇을 하든지 이기심이나 허영으로 하지 말고 서로 겸손한 마음으로 다른 사람들을 자기보다 낫게 여기십시오빌 2:3"라고 하였다. 공손은 고도의 지식과 기술이 요구 되는 것이 아니며 상식적인 판단에 의해서 마땅히 해야 할 행동을 취하면 가능하다. 그러나 강한 의지 없이는 실천이 어렵고 어려서부터 공손이 자연스럽게 몸에 배어야 한다. 모든 인류가 공손한 태도로 서로를 위할 때 인류사회는 밝고 살기 좋은 사회가 될 것이다.

인정
인정은 하늘의 보약

네가 선을 행할 수 있는 능력이 있으면
도움이 필요한 사람에게 기꺼이 선을 베풀어라_잠언 3:27

인정은 사회의 생명력이다. 인정이 있는 곳에 희망이 있고 웃음과 평화가 있다. 인정은 마음의 흐름이며 사회를 결속시키는 힘이다. 인정 없는 대화, 인정 없는 만남, 인정 없는 사회는 절망의 온상이지만 인정이 넘치는 사회는 희망의 산실이다.

첨단과학의 발달 속에 인정은 메말라가고 물질의 풍요 속에 인정은 사라져 간다. 물이나 공기가 없으면 생물이 살 수 없듯이, 인정이 없으면 사회의 발전을 보장할 수 없다. 인정의 고갈은 인류를 위협하는 가장 큰 전쟁이다.

인정은 받는 것이 아니라 베푸는 것이다. 인정은 대가를 기대하는 것이 아니라 주는 행위에서만 만족을 찾는 것이다. 인정을 베푸는 자는 무한의 기쁨을 얻을 수 있고, 인정을 받는 자는 무한의 축복을 누리게 된다. 인정을 베푼다는 것은 상대방에게 관심을 두는 것이며 상대방의 상처를 어루만져 주는 행위이다. 인정의 손길은 상대방의 처지를 나의 처지로 받아들여 그를 위해 자신의 할 바를 다하는 것이다.

인정은 돈이나 물질로 대체될 수 없다. 오직 만남과 대화와 협력이라는 인간관계를 통해서만 싹틀 수 있다. 서로 잘못을 이해해 주고 역경에 처했을 때 도와주며 좋은 일을 함께 기뻐할 때 인정은 또 다른 인정을 낳는다.

페트모어 Patmore 는 "인생에 기쁨이 없으면 전혀 인생이 아니다"라고 하였다. 우리의 인생에서 무엇으로 가장 큰 기쁨을 얻을 수 있는가? 사랑과 인정을 베푸는 것보다 더 기쁜 일은 없을 것이다. 그러므로 성경은 우리에게 "네가 선을 행할 수 있는 능력이 있으면 도움이 필요한 사람에게 기꺼이 선을 베풀어라 잠 3:27"고 권면하고 있다. 봉사와 섬김의 손길로 서로의 삶을 살피고 도와주는 가운데 사회는 발전을 기약할 수 있다. 인정은 우리를 한없는 행복감에 젖어들게 하는 하늘의 보약이다.

관용

상처를 감싸주는 관용

이해는 인식의 시작이다_앙드레 지드

다른 사람을 이해한다는 것은 자신만을 내세우는 태도를 자제하고 상대방의 처지에서 그의 생활과 체험을 존중하는 것이다.

인간은 각자 성격과 가치 판단의 기준이 다르기 때문에 똑같은 일이라도 심각하게 여기는 사람이 있는가 하면 가볍게 여기는 사람도 있고, 화를 내는 사람이 있는가 하면 미소를 짓는 사람도 있다. 그러므로 "이해는 인식의 시작이다"라는 앙드레 지드_{Andre Gide} 의 말처럼 상대방을 이해하지 않고서는 원만한 인간관계를 유지할 수 없다.

누구나 사람을 잘 이해하려면 방법은 단 한 가지밖에 없다. 그것은 결코 성급하게 상대방의 성격과 태도를 판단하지 말아야 한다는 것이다. 상대방의 모습을 있는 그대로 인내심 있게 잘 지켜보고 판단하는 일이 중요하다. 첫 인상이나 한두 가지 자그마한 실수를 보고 그 사람의 결함을 다 알았다고 생각해서는 안 된다.

편견은 인간관계를 그르치고 상대방에게 상처를 입히는 무기가 될 수 있다. 우리는 다른 사람을 이해할 때 다른 사람이 자신을 모르는 것을 탓하지 말고 자신이 다른 사람을 모르는 것을 탓하여야 한다. 상대방의 처지를 알고자 노력할 때에 편견에서 벗어나게 되며 그를 향한 사랑이 시작되는 것이다.

다른 사람을 이해한다는 것은 어떤 것일까? 첫째, 그 사람의 사정과 처지를 충분히 파악하고 진실한 마음으로 대하는 것이다. 둘째, 그 사람의 행동을 비웃거나 싫어하기보다는 진심으로 염려하고 고쳐주는 것이다. 셋째, "이해한다는 것은 용서하는 것이다"라는 A. 체이스_{A. Chase}의 말처럼 그 사람과의 관계에서 모든 것을 부정적으로 생각하기보다는 긍정적으로 받아들이며 포용하는 것이다.

성경은 우리에게 "너희 관용을 모든 사람에게 알게 하라 주께서 가까우시니라_{빌 4:5}"고 함으로써 타인에 대한 이해와 포용을 권면하고 있다. 일생 남을 이해하면서 사는 사람은 좋은 이웃을 얻을 수 있다. 어떤 환경에서도 동고동락할 수 있는 이웃을 얻는다는 것은 물질보다 더 귀한 재산을 얻는 것이다. 서로 이해하고 감싸주는 사람들이 사는 세상이야말로 절망을 두려워하지 않는 참된 희망의 산실이며 행복의 요람이다.

칭찬

행복의 필수 영양소를 전해주는 칭찬

무엇보다도 칭찬은 우리에게 가장 좋은 식사이다_S. 스미스

인간은 태어나서부터 죽을 때까지 칭찬 받기를 원한다. 자기에 대한 칭찬을 들으면 무한한 행복을 느끼기 마련이다. 인간을 성공하게 하고, 행복하게 하는 영양소로 칭찬보다 더 좋은 것은 없다. 그렇기에 S. 스미스_S. Smith 는 "무엇보다도 칭찬은 우리에게 가장 좋은 식사이다"라고 하였다. 칭찬 없이는 자신이 하는 일에 보람을 느끼지 못할 뿐 아니라 사는 재미도 없을 것이다. 그러나 다른 사람 앞에서 스스로 칭찬하는 것은 바람직하지 못하다. 성경에서도 "남이 너를 칭찬하게 하고 스스로 하지 마라. 칭찬은 남이 해 주는 것이지 자기 스스로 하는 것이 아니다_잠 27:2 "라고 하여 이를 경계하고 있다.

부부 간의 칭찬과 격려는 부부관계를 더욱 행복하게 해 줄 뿐만 아니라 훌륭한 남편과 아내를 만드는 자극제가 된다. 그러므로 부모는 자식을, 부리는 사람은 부림 받는 사람을, 스승은 제자를 칭찬하는 것이 좋다. 인간은 본래 그가 존경하는 사람, 사랑하는 사람으로부터 칭찬을 받게 되면 더욱 흐뭇하고 용기를 얻는다.

칭찬이란 말은 본래 채운다는 뜻이다. 인간의 마음속에 칭찬을 가득 채워두면 언제든지 그것을 남에게 나누어 줄 수 있다. 칭찬 받는 사람은 곧잘 남을 칭찬하게 된다. 그러나 칭찬 받기 위해서 칭찬해서는 안 되며 순수한 마음에서 우러나와야 가치가 있다. 그런데 대부분의 사람들은 칭찬 받기를 좋아하면서도 칭찬하기를 싫어한다. 남이 잘되기를 좀처럼 원하지 않는 경우도 많다. 상대방의 약점을 가혹하게 들추어내고 인신공격을 일삼는다.

그러나 개인과 사회가 함께 번영하려면 칭찬이 풍성해져야 한다. 그리고 격려를 아끼지 말아야 한다. 언제, 어디서, 누구에게든지 칭찬과 격려는 반드시 필요하다. 특히 실의에 찬사람, 열등감때문에 괴로워하는 사람, 실패한 사람에게 따뜻한 한 마디의 말은 큰 힘이 된다. 그리고 마음의 상처를 낫게 하는 약이 되기도 한다. 그러나 남의 단점과 잘못을 들추어내어 비난하는 것은 마음을 상하게 하는 독약과 같다.

우리는 칭찬할 때에 상대방의 칭찬할 것을 찾아보자. 먼저 상대방의 신체 즉 눈, 코, 입, 귀에서 찾아 "당신은 참 잘 생겼습니다"라고 칭찬해 보자. 또한 상대방의 취미와 집안, 친구 등도 칭찬의 대상이 될 수 있다. 그의 착한 일, 과거의 업적, 학교 성적 등에 대해서도 마음껏 칭찬해 주자. 칭찬에 인색해서는 안 된다. 큰돈이 들거나 노력이 드는 것도 아니므로, 무엇이나 칭찬할 만한 것을 찾아 하루에 한 가지씩 칭찬하면 참으로 삶의 분위기가 달라질 것이다.

선

삶의 텃밭에 뿌리는 선의 씨앗

악에서 돌이켜 선을 행하고 화평을 따르고 화평을 이루라_베드로전서 3:11

세상에 선한 것과 악한 것이 따로 없다. 남의 유익을 위해 자신의 손해를 감수하고, 남과 화평을 이루고자 하는 생활을 선한 의지에서 우러나온 것이다. 자신의 목적을 실현하기 위해 수단과 방법을 가리지 않고 타인의 인격과 권익을 침해하는 행위는 악한 의지의 발로이다. 따라서 인간의 행위는 그 사람이 어떤 의지를 갖느냐에 따라 결정되기 마련이다. 선한 일을 행하면 마음이 편안하지만 막상 그것을 행하기란 쉽지 않다. 악한 일은 쉽게 저지를 수 있지만, 막상 그것을 저지른 후엔 마음이 괴로워진다. 그렇기에 우리는 어떠한 어려움이 있더라도 일생 선한 뜻을 가지고 이타적인 일을 하면서 살아야 한다.

『실락원』의 저자 존 밀턴John Milton은 "선은 전달될수록 더욱더 풍부해진다"고 하였다. 선한 것에 영향을 받으면 당연히 선을 행하게 되며, 선은 전파될수록 자기와 남의 인격을 함께 성장시킨다. 그러므로 선은 인간사회를 유지시키는 가장 기초적인 양념이며, 우주를 움직이는 강력한 실제적인 힘이다. 선한 의지에 의해 감동을 받는다면 변화되지 않을 사람이 하나도 없을 것이다. 이러한 의미에서, 우리는 단 하루라도 선한 일을 생각하지 않거나 행하지 않으면 양심에 거리낌을 받아야 한다. 물론 선한 일을 행하고도 칭찬을 받지 못하는 경우가 많으나, 진정으로 선한 의지를 갖고 있는 사람은 남의 이목에 연연해하지 않는다.

심은 대로 거두고 행한 대로 나타나는 것이 대자연의 법칙이라면, 우리는 삶의 텃밭에서 악의 뿌리를 뽑아내고 선善의 씨앗을 심어야 한다. 남을 기쁘게 하는 일, 남에게 도움을 주는 일, 가정과 이웃과 사회를 화목하게 하고 복되게 하는 일이 곧 선의 씨앗을 심는 일이다. 벌이 꽃을 찾아 쉬지 않고 움직이듯, 우리 주변에서 행할 것을 찾아보고 작은 일부터 하나하나 실천에 옮겨보자. 밝은 표정을 짓고 고운 말을 쓰며 겸손한 태도로써 예의를 지키는 것이 선한 사회의 출발이다. 선한 일을 하는 사람을 찾아 이들을 표창하고 칭찬하며 이들을 적극적으로 도와주어야 한다. 이것이 곧 선의 씨앗을 키우는 생활이다.

"악에서 돌이켜 선을 행하고 화평을 따르고 화평을 이루라_{벧전} _{3:11}"는 성경말씀처럼 선을 배우고 행하는 사람이 많아 질 때에 우리 사회는 한층 더 풍요로워질 것이다.

약속

약속은 인격의 교환

오랜 약속보다 당장의 거절이 낫다_덴마크 격언

인간이 모여 사는 곳에서 약속은 곧 도덕적인 법이다. 법은 질서를
유지하기 위해 있는 것이다. 약속이란 상호간의 필요한 일을 성취
하기 위해 무엇인가를 하겠다는 다짐의 표시이며 인격의 교환이다.
그것은 시간 약속이나 물질적인 교환의 약속일 수도 있다.

　어떠한 형태의 약속이든 약속은 꼭 지켜야 한다. 지키지 못할 약
속은 애당초 하지 않는 것이 좋다. 덴마크 격언 중엔 "오랜 약속보
다 당장의 거절이 낫다"고까지 하였다. 그만큼 약속이란 소중한 것
이기에 친한 사이일수록 잘 지켜야 한다. 우리는 일상생활 속에서
수많은 약속을 하면서 살아간다. 행여나 어떤 일을 모면하기 위한
수단으로 약속을 해서는 안 된다.

그러자면 첫째, 약속은 쉽게 하지 말아야 한다. 가볍게 승낙하여 약속한 것은 실행성이 희박하다. 성경에서도 말하기를 "내 형제들아 무엇보다도 맹세하지 말지니 하늘로나 땅으로나 아무 다른 것으로도 맹세하지 말고 오직 너희가 그렇다고 생각하는 것은 그렇다 하고 아니라고 생각하는 것은 아니라 하여 정죄 받음을 면하라약 5:12"고 함으로써 약속의 신중함을 권고하고 있다. 신뢰감을 주는 사람은 신중하게 심사숙고한 후에 약속을 한다. 약속을 많이 하는 사람은 대부분 신뢰감이 부족한 사람이다. 호라티우스Horatius도 "많은 약속은 신용을 해친다"라고 말한 것처럼 지키지 못할 약속을 많이 하기보다는 지킬 수 있는 약속을 가려서 하는 것이 올바른 것이다.

둘째, 약속을 생명처럼 여겨야 한다. 약속이란 것은 아무리 바쁘더라도 잊어서는 안 된다. 니체Nietzsche는 "사람은 자기가 한 약속을 지킬 만한 좋은 기억력을 가져야 한다"라고 하였다. 약속한 것을 잊어버리는 것은 자기의 신용과 신의를 해치는 것이다. 일단 자기가 약속을 한 것이면 어떠한 일이 있어도 실천하려는 마음가짐이 중요하다. 우리 모두 문화인으로서의 긍지를 지니고서 작은 약속부터 실천하는 아름다운 풍토를 조성하자.

책임

성실한 책임이행

> 사람은 책임을 회피할 수 있지만,
> 그에 따르는 행위는 회피할 수 없다_B. 첼리니

인간은 사회 속에서 지켜야 할 책임이 있다. 가정에서는 가족 구성원으로서 지켜야 할 도리와 책임이 있고, 국가에서는 국민의 한사람으로서 소임과 책무가 부여된다. 각자의 책임이 준행되고 실천될 때 사회의 목표를 이룰 수 있다. 그러나 각 사람에게 부여된 책임을 완수한다는 것이 쉬운 일은 아니다. 책임을 이행하는 데는 노고가 뒤따르기 때문에 미루거나 등한시하기 쉽다. 또한 대규모 조직 속에서 한 사람의 책임을 대수롭지 않게 생각하는 경우가 많다. 이러한 이유로 책임을 이행하지 않는 사람이 많아진다면 수많은 사회 문제가 야기될 것이다.

B. 첼리니 B. Cellini 는 "사람은 책임을 회피할 수 있지만, 그에 따르

는 행위는 회피할 수 없다"라고 하였다. 먼저 자기에게 부여된 책임을 인식하고 성실히 이행하겠다는 정신이 선행되어야 한다. 생텍쥐페리_{Saint-Exupery} 는 "사람이 된다는 것은 바로 책임을 안다는 것이다"라고 그 중요성을 강조하면서 "의무의 이행이 없으면 성장이 없다"라고 단언하였다. 책임을 다하지 않고 성공한 사람은 없다. 할 일이 있다는 것은 나를 필요로 하고 있다는 사실이며, 사회에서 필요한 사람이 된다는 것은 그만큼 보람을 느낄 수 있는 일이다.

A. 브라운_{A. Brown} 은 "책임은 다른 사람과 나누어 가질 수 없다"라고 하였다. 책임을 스스로 찾아 진지한 마음으로 실천해야 한다. 적은 일과 늘 하는 일에 무관심해서도 안 된다. 성경은 "각각 은사를 받은 대로 하나님의 여러 가지 은혜를 맡은 선한 청지기 같이 서로 봉사하라_{벧전 4:10}"고 권면하고 있다. 개인적인 사소한 일에서부터 사회적인 거창한 일에 이르기까지 인간에게 부여된 책임을 다하는 것이 자신과 소속된 집단을 위하는 길이며, 사회를 위해 기여하는 길이 된다. 책임을 중시하고 우선적 가치로 삼는 사회기풍이 조성될 때에 인류 사회는 삶의 안정을 유지할 수 있고 계속적인 발전을 이루게 될 것이다.

말
말은 행동의 거울

진실한 말 한 마디는 웅변과 같은 가치가 있다_찰스 디킨스

인간은 말을 통하여 상대방에게 자기 생각을 전달할 수 있다. 인간에게 말이 없다면 동물과 다를 바가 없을 것이다. 말이 있기 때문에 교육이 가능하며 문명의 발전이 가능하다.

　말은 사회형성의 기초이며 인류사회의 공존공영共存共榮을 가져오는 매개체의 역할을 한다. 그리스 7대 현인賢人 중의 한 사람인 솔론Solon은 "말은 행동의 거울이다"라고 했다. 이처럼 말은 바람직한 행동의 자극제이며 사랑의 촉진제이기도 하다. 말에 따라 인간은 오해를 하고 원수가 되기도 하며, 또한 상대방의 마음을 따뜻하게 녹여 주어 어제의 원수와 친구가 되기도 한다. 그러므로 E. 쿠크의 고백처럼 "말 한마디가 세계를 다스린다"고 볼 수 있는 것이다.

말이 부드러우면 상대방의 기분을 온화하게 한다. 앙칼진 목소리, 싸움이라도 할 것 같은 투쟁적 말투, 트집을 잡는 비꼬는 말투, 이러한 것들은 사회를 병들게 하는 독소이다. 아름답지 못한 언어생활 속에 평온이 있을 수 없고 행복이 있을 수 없다. 화를 내어 욕설을 퍼부을 때 많은 에너지가 소모되며 오장육부의 기능이 일시적으로 마비된다고 한다. 작은 일에도 노기를 발하고 욕설을 퍼붓는 사람은 아무리 보약을 먹어도 소용이 없다고 한다.

이와 반대로 온화한 말, 감싸주는 말은 상대방의 기분을 즐겁게 함으로써 서로의 건강과 행복을 조성하는 이중효과를 가져온다. 성경은 "선한 말은 꿀 송이 같아서 마음에 달고 뼈에 양약이 되느니라 _{잠 16:24}"고 하였다. 부드럽고 사랑스런 대화를 주고받는 연인들을 볼 때 아름다움을 느끼지 않는 사람이 없을 것이다. 밝고 고운 음성으로 다정하게 속삭이는 부모와 자녀의 모습을 보면 흐렸던 마음도 맑아지게 마련이다.

그러나 아무리 부드럽고 평화로운 말이라 할지라도 마음에서 우러나오는 말이 아니라면 오히려 그 말은 상대방의 마음에 상처를 안겨줄 수도 있다고 하였듯이, 말은 마음에서 우러나는 진실의 표현이어야 한다. 물론 나의 말도 중요하지만, 다른 사람의 말을 존중할 줄 알아야만 자신이 전하는 말의 가치를 깨달을 수 있기 때문이다. 진실과 사랑이 담긴 말로 인류사회를 더욱 아름답게 가꾸어 보자.

유머

영혼을 맑게 하는 유머

유머는 현실에 대한 인식 또는 철학적 의미를 우스꽝스런 표현으로써 상대방에게 전달하는 언어형식이다. 너그러운 마음씨, 여유 있는 태도 속에서 유머는 자란다. 유머가 있는 곳에 희망과 기쁨이 싹튼다. 유머 속엔 슬픔을 미소로, 절망을 소망으로, 분노를 사랑으로 바꾸는 힘이 있다.

W. M. 대커리_{W. M. Thackeray}는 "훌륭한 유머는 사람이 사회에서 입을 수 있는 가장 훌륭한 옷"이라 하였고, 프랑스의 작가 빅토르 위고_{Victor Marie Hugo}는 "인생이 엄숙하면 엄숙할수록 그만큼 유머가 필요하다"고 하였다. 사회가 복잡해지고 기계화되는 과정에서 이전보다 더욱 유머가 요구되고 있다. 유머를 통해서 경직된 사회에 대화의 물꼬를 틀 수 있고, 인간 상호간의 막힌 담을 허물 수 있다.

유머는 즉흥적인 임기응변보다는 오랜 경험과 해박한 식견에서 나온 것일수록 상대방의 영혼을 맑게 하고 기분을 상쾌하게 만든다. 토마스 카알라일Thomas Carlyle 은 "참된 유머는 머리에서 나오기보다는 마음에서 나온다. 그것은 웃음에서 나오는 것이 아니라 그보다 훨씬 깊숙이 깃들어 있는 조용한 미소에서 나온다"고 하였다. 유머가 우리에게 주는 웃음은 입으로만 웃을 수 있는 것이 아니라 가슴에서부터 온몸으로 번져 영혼에 작은 날개를 달아주는 웃음이어야 한다. 성경은 "마음의 즐거움은 얼굴을 빛나게 한다잠 15:13"라고 하였다. 유머에서 얻는 즐거움은 일시적 유희가 아니라 생활 속에서 오래도록 기억되는 즐거움이다.

진정한 유머를 경험하는 것은 사막에서 오아시스를 만나는 것처럼 반가운 일이며, 정신의 건강을 살찌게 하고 육신의 건강을 호전시킨다. 유머가 살아 움직이는 새로운 사회풍토를 만들어 보자. 화를 내고 싶은 순간에도 유머 섞인 언변을 통해 인내와 관용의 덕을 실천하자. 공동체 생활 중에 절망스런 상황이 닥친다 해도 다른 구성원들에게 유머를 통해 희망을 안겨주도록 하자. 우리 생활에 유머가 마르지 않을 때 진정한 행복과 평화의 기틀이 마련될 것이다.

선물

고마움을 전하는 선물

주는 태도가 주는 물건보다 더 중요하다_코르네이유

선물은 감사와 고마움에 대한 표시이다. 부모와 형제에게 감사해야 하고, 사회생활에서 관계를 맺고 있는 모든 이에게 해야 한다. 감사의 표시는 말보다는 선물로 하는 것이 더욱 아름답다.

선물은 주는 사람과 받는 사람이 모두 기뻐할 때 그 가치가 높아진다. 주는 사람의 정성과 받는 사람의 감사가 조화를 이룰 때 선물은 가격의 고하에 상관없이 두 사람의 기억 속에서 오랫동안 신뢰의 증거로 남아 있게 된다. 그러므로 선물은 마음에서 우러나는 것이어야 하며 분수에 알맞은 것이어야 한다. 받는 사람에게 기쁜 마음을 갖도록 하는데 목적이 있기 때문에 상대방이 원하는 물건을 필요한 때에 주어야 할 것이다.

내가 좋아하는 선물이 상대방을 기쁘게 하는 선물이 될 수도 있다. 그러나 상대방의 기호가 '나'의 기호와는 다를 수도 있으며 필요한 것이 무엇인지를 파악하기 어려운 경우도 있다. 이런 경우엔 상대방의 기호와 필요를 본인에게 직접 물어보는 것도 하나의 방법이 될 수 있다. 그러나 선물이란 요구를 받아서 주는 것보다는, 상대방이 원하는 것을 간접적 경로를 통해 파악하여 예기치 않게 선물을 주는 것이 바람직하다. 성경에서도 "남몰래 주는 선물은 화를 달랜다 잠 21:14"라고 하였고, 시인 칼릴 지브란Kahlil Gibran 은 "요구를 받고 주는 것도 좋지만, 요구를 받지 않고 주는 것은 더욱 좋다"라고 말하였다.

감사하는 마음에서 우러나 선물을 보내면 받는 사람도 주는 사람도 행복을 느낀다. 선물을 하는 사람의 마음속에도 받는 사람의 마음처럼 흐뭇함이 넘친다. 프랑스 작가 코르네이유Corneille 는 "주는 태도가 주는 물건보다 더 중요하다"라고 말하였다. 물건의 종류로 선물의 가치를 저울질해서는 안 되며 선물을 돈의 가치로 평가해서도 안 된다는 것이다. 주는 사람은 선물 속에 애정을 담고, 받는 사람은 선물 속에 담겨 있는 애정을 읽을 때, 두 사람의 손길은 차가운 마음을 녹여 주는 희망과 생명의 원천이 될 것이다.

덕
행동으로 나타나는 덕의 소길

자기에게 덕이 없는 자는 타인의 덕을 시기한다_프랜시스 베이컨

물질문명이 고도로 발달하고 있는 현대사회에서 정신적 가치는 경시되고 인정과 사랑은 메말라 가고 있다. 그러나 현대인들이 물질의 풍요로움과 과학기술의 편리함을 좋아한다고 해도 따뜻한 인간관계가 없는 물질과 과학기술은 결국 인간의 파멸을 부를 뿐이다. 따라서 만남과 대화를 소중하게 생각하며 따뜻한 인간관계 속에서 행복을 추구하는 새로운 가치관을 정립해야 하겠다.

덕은 인간의 보람된 삶을 가능하게 하는 일이다. 덕이 있는 사람은 마음이 넓고, 덕을 행하는 자는 평안한 생활을 할 수 있다. "덕망이 높은 사람은 외롭지 않다"는 공자의 말과 같이 이해심과 배려가 깊은 사람에겐 많은 이웃이 따르게 마련이다. 누군가가 그의 마음

을 알아주지 않거나 그의 주변에 사람이 모여들지 않는다 해도, 덕을 쌓은 사람은 자기의 유익에 집착하지 않기 때문에 결코 외롭지 않다.

"순결한 마음을 사랑하는 사람은 그가 하는 은혜로운 말 때문에 왕의 친구가 될 것이다 잠 22:11"라는 성경말씀에서도 암시하듯이, 덕은 선천적인 것이 아니라 정신수양과 자기 성찰을 통해서 얻어지며 인내와 정성을 통해서 길러진다. 근검절약으로 생활의 모범을 보이고 희생·봉사·기여로 이타 정신을 발휘하며, 사랑·자비·관용으로 참된 인간애를 나타내는 것도 덕을 키우는 길이다. 또한 부모에게 효도하고 어른을 공경하는 일, 형제간에 의리를 지키고 친구와 우정을 나누는 일, 이러한 일들이 덕을 실천하는 길이다.

덕이 없는 사람은 불행한 사람이다. 프랜시스 베이컨 Francis Bacon 은 "자기에게 덕이 없는 자는 타인의 덕을 시기한다"라고 말한 바 있다. 그러나 덕을 지니고 있으면서 행하지 않는 자는 더욱 불행한 사람이다. 덕은 행동으로 나타날 때 모두에게 유익이 된다. 우리의 손길이 필요한 이웃과 마을에서부터 지역 사회와 나라 전체로까지 덕의 실천 범위를 넓혀가도록 하자.

가정 1

사색의 호길이 닿는 가정

너는 왜 자꾸만 멀리 가려 하느냐?
네가 잡을 줄만 안다면 행복은 바로 네 곁에 있다_괴테

가정은 육체와 마음의 안식처이며 사랑과 행복이 샘솟는 곳이다. 가정을 통해서 새로운 삶을 향한 의욕이 용솟음치며, 실의에 빠지는 경우에도 다시금 용기와 신념의 불꽃을 피워 올릴 수 있다. J. H. 페인은 "쾌락과 궁전 속을 거닐지라도, 언제나 초라하지만 내 집만한 곳은 없다"라고 하여 가정이 가장 소중한 안식처임을 강조하였다.

가정이 좋은 곳임을 모르는 사람은 머리맡에 보석을 두고도 멀리서 찾으려는 자와 똑같이 어리석은 사람이다. 많은 사람들이 즐거움을 밖에서 찾으려 하나 결국은 가정에서 찾게 되는 것을 본다. 이를 가리켜 G. 무어 G. Moore 는 "사람은 자신에게 필요한 것을 찾기 위하여 온 세상을 여행하고 집에 돌아와 그것을 찾게 된다"라고 하

였으며, 성경에서도 "네 샘이 복된 줄 알아라. 네가 젊을 때 만난 아내를 기뻐하여라 _잠 5:18_"고 말함으로써 가정이 희락의 원천임을 증거한 바 있다.

밖을 내다보기 전에 먼저 가정 속에 쏟아지는 광명한 햇살을 응시하라. 그리고 가정에서 기쁨과 보람을 찾으라. 그러면 행복은 그대의 소유가 될 것이다. 독일의 대문호 괴테 Goethe 는 그의 시 "충고"에서 "너는 왜 자꾸만 멀리 가려 하느냐? 네가 잡을 줄만 안다면 행복은 바로 네 곁에 있다"고 하였다. 일생동안 아껴주고 사랑할 내 남편과 내 아내가 있는 곳, 사랑스런 아들과 딸이 있는 곳만큼 행복이 넘치는 곳이 또 어디 있겠는가?

눈을 열고 지금까지 가꾸어 온 사랑의 나무를 유심히 바라보자. 그 나무에 탐스럽게 맺혀있는 평강의 과일들을 온 가족과 함께 나누도록 하자. 가정의 동산에서 어느 것 하나 보배롭지 않은 열매가 있겠는가? 아내의 따뜻한 숨결, 자녀들의 즐거운 웃음이 살아 있는 곳, 이 세상의 모든 금은보화를 준다 해도 결코 바꿀 수 없는 것이 우리의 가정이다.

가정 2
사색의 오솔길로 빚어지는 가정의 평화

가정을 사랑하는 자만이 나라를 사랑한다_사무엘 코울리지

가정이란 부부를 중심으로 부모와 자녀가 함께 모여 사는 공동체 중에서 가장 기본단위이며, T. S. 엘리엇T. S. Eliot의 말처럼 가정은 "모든 산업의 궁극적 목적"이다.

인격적 기반 위에 기초한 가정은 어떠한 정치·경제·사회 변화에도 위축되지 않고 화목을 유지할 수 있으며 참된 안식처가 될 수 있다. 가정이 위로와 용기, 휴식과 안정을 주는 힘의 원천이 되려면 모든 가족의 언행에 사랑이 깃들어 있어야 한다. 부부생활의 행복도, 자녀교육의 성패도, 형제지간의 상부상조도 가족을 어떻게 사랑하느냐에 달려 있는 것이다. 영국의 낭만파 시인 코울리지Coleridge는 "가정을 사랑하는 자만이 나라를 사랑한다"라고 하지 않았는가?

가정에서 얻어지는 마음의 평화는 인간을 가장 행복하게 해 준다. 마음속에 평화가 깃들 때 가족들은 각자 맡은 일에 더욱 충실할 수 있고, 큰 포부를 성취할 수 있게 된다. 부모와 자녀 간에, 형제와 자매간에 이해와 협조로 조화를 이루지 않는다면 가정엔 하늘의 평화가 내려올 수 없다. 성경 디모데전서 5장 8절의 "누구든지 자기 친척 특히 자기 가족을 돌보지 않는 사람은 믿음을 저버린 사람이요. 믿지 않는 사람보다 더 악한 사람이다"라는 말씀을 깊이 상고해야 할 것이다.

평화로운 가정에는 행복의 새가 둥지를 틀게 마련이다. 독일의 대문호 괴테Goethe는 "임금이든 백성이든 자기 가정에서 평화를 찾는 자가 가장 행복한 인간이다"라고 했다. 가정에서 참으로 필요한 것은 많은 재산, 높은 지위, 좋은 학벌, 호화주택이 아니라 기쁨과 즐거운 노래와 춤, 사랑과 평화이다.

"내가 믿는 것은 가정의 단란함"이라고 말한 여류작가 잉에 숄Inge Scholl의 고백처럼 우리는 가정의 단란함에 소중한 가치를 부여해야만 한다. 우리 모두 화목한 가정을 꾸미도록 노력해 보자. 온 가족이 한 지붕 밑에서 웃으며 노래하는 지상의 작은 낙원을 가꾸어 보자.

부모

하늘의 복을 전해주는 부모

자녀는 부모의 소유물이 아니라 하나님께서 맡겨 주신 거룩한 선물이다

풍족한 의식주 생활을 제공하고, 일류 대학에 보내기 위해 교육비를 아낌없이 투자하는 부모가 결코 좋은 부모는 아니다. 시대와 역사의 흐름 속에서 무엇이 참된 것이며 무엇이 거짓인지를 자녀에게 가르쳐 주는 사람이 좋은 부모일 것이다.

좋은 부모가 되려면 자녀로 하여금 올바른 가치관을 갖도록 신앙교육에 힘써야 한다. 자녀는 보고 듣는 대로 배우게 된다. 부모가 무엇을 심어주느냐에 따라 자녀의 인격이 결정된다. 그렇다면 좋은 부모로서 자녀에게 공급해야 할 정신의 자양분은 무엇인가?

부모는 자녀에게 '믿음'을 심어 주어야 한다. 이것은 '하나님은 오직 한 분'이심을 가르치는 것이다. 또한 하나님 중심으로 인생을 살아가도록 교육하는 것이다. 철학, 곧 'philosophy'의 어원이 "지혜를 사랑하는 것"이라면 기독교는 "인간을 창조하신 하나님을 사랑하는 것"이다. 하나님을 사랑한다는 것은 그분의 말씀과 가르침을 진리로 신뢰한다는 뜻이다. 이러한 '믿음'을 바탕으로 자녀의 가치관과 인생관이 정립되도록 가르쳐야 한다.

부모는 자녀에게 '소망'을 심어 주어야 한다. 진실한 소망은 오직 하나님에게서만 찾을 수 있음을 일깨워 주어야 한다. 이를 위해서는 자녀에게 언제나 하나님의 말씀을 가르쳐야 한다. 그분의 말씀 속엔 최고의 지혜와 최고의 선善이 살아 있기 때문이다. 말씀을 통해 자녀를 교육하는 일을 소홀히 하는 것은 자녀를 멸망의 수렁으로 몰아넣는 행위와 같다. "집에 앉았을 때나 길을 걸을 때나 누울 때나 일어날 때 그들에게 말해 주라신 6:7"고 하였듯이, 자녀의 유년 시절부터 하나님의 말씀을 읽고 묵상하도록 권유할 때 자녀의 장래는 밝아진다잠 22:6.

부모는 자녀에게 '사랑'을 심어 주어야 한다. 자녀들이 부모의 사랑을 깊이 체험하지 못하면 하나님의 사랑을 이해할 수 없다. 베풀고 감싸주는 것만이 '사랑'은 아니다. 잘못을 범했을 때 하나님의 말씀을 통해 훈계의 채찍을 드는 것이 진정한 '사랑'이다. 자녀로 하여금 자기의 잘못을 깨닫는 기회를 통해 인생을 성찰할 수 있는 능력을 길러주며, 잘못을 용서받는 기쁨을 통해 하나님의 넓으신

'사랑'을 느끼게 해주어야 한다.

　유대인들이 자녀교육에 성공한 것은 '믿음'과 '소망'과 '사랑'을 심어 주는 신앙교육을 철저히 준행한 데 있었다. 개인, 가정, 국가가 신앙교육을 삶의 기본으로 삼는다면 어떠한 역경도 이겨낼 수 있다. 자녀는 부모의 소유물이 아니라 하나님께서 맡겨 주신 거룩한 선물임을 기억하면서 자녀의 마음 밭에 '믿음', '소망', '사랑'을 심어 주는 부모가 되어야겠다.

공경
부모를 공경

일상생활에서 고마움을 느끼며 인식한다는 것은 참으로 어려운 일이다. 맛있는 음식의 고마움을 느끼는 사람은 많아도 물과 공기의 고마움을 느끼는 사람은 적듯이, 선물을 안겨 준 사람에게 고마움을 느끼기는 쉬우나 부모의 고마움을 느끼기는 어려운 일이다. 『소학小學』에는 "부모를 사랑하는 사람은 남에게 미움을 받지 아니하고, 부모를 공경하는 사람은 남에게 업신여김을 받지 않는다"라고 효도의 의미를 말하고 있다.

부모님이 누구인가? 나를 낳으시고 기르시며 훌륭한 사람이 되라고 기도해 주시던 분이 아닌가? 얼마나 많은 날을 고심하고 괴로워 하셨던가? 자식 때문에 밤잠 못 이룬 때가 하루 이틀이 아니었으며, 자식 때문에 속태운 적이 한두 번이 아니었을 것이다. 귀엽게 자라나는 모습을 보고 한없이 기뻐하시던 부모님, 몸이 아플 때 나보다 더 아파하시던 부모님, 그 사이에 주름이 늘고 나이가 드신 부모님이시다. 사랑을 주시는데 가식이 없었고 물질을 주시는데 아낌이 없었다. 우리의 생애를 바쳐 효도해도 그 은혜를 어찌 다 갚을 수 있겠는가? 낳아주신 것과 키워주신데 대하여 무한한 감사를 드려야 한다.

"네 아버지와 어머니를 공경하라 이것은 약속 있는 첫 계명으로 그러면 네가 잘되고 땅에서 장수하리라 _{엡 6:2-3}"는 말씀을 가슴에 새기며 부모의 마음을 기쁘게 해드리자. 마음에만으로 품지 말고 행동으로 표현해 보자. 생떽쥐페리 _{Saint-Exupery} 는 "우리 부모들은 우리들의 어린 시절을 꾸며 주셨으니 우리는 그들의 말년을 아름답게 꾸며 드려야 한다"고 하였다. 각자 처한 상황에서 능력에 맞게 최선의 효도를 실천하자. 부모님의 마음을 기쁘게 하는 일이란 자신의 삶 속에서 최선과 충실함으로 지내며 모든 사람에게 본이 되고 선행을 생활화하는 일이다. 행동으로 보이는 효도란 언행을 부드럽게 하여 진심으로 부모님을 공경하고 자신의 실정에 맞게 정성껏 마음의 선물을 드리는 것이다.

어린이

어린이에게 주는 변함 없는 사랑

> 문제아동이란 절대로 없다.
> 다만 있다면 문제 있는 부모가 있을 뿐이다_A. S. 닐

어린이에게 일차적으로 필요한 것은 음식이다. 생리적으로도 위장이 비면 통증을 유발하게 되므로 어린이는 울음을 터뜨린다. T. 풀러_T. Fuller_는 그의 『잠언집』에서 "어린이와 병아리는 언제나 먹고 있어야 한다"라고 하였다. 그러나 먹는 것만으로는 만족할 수 없다. 어린이는 함께 놀아줄 사람이 필요하고 사랑을 요구한다. 어린이에 대한 무관심은 어린이를 나쁜 습성에 물들게 하는 원인이 된다.

어린이의 올바른 인격은 따뜻한 보살핌과 지속적인 사랑 속에서 형성된다. 음식을 통해서는 육체가 크고, 사랑을 통해서는 정신이 성장한다. 영국의 교육가 A. S. 닐_A. S. Neill_은 정신분석을 기초로 하여 자유교육을 실시하였다. 그는 도벽이 있는 아이에게 도둑질을 할

때마다 용돈을 주었다고 한다. 상식적인 판단으로는 물건을 훔칠 때마다 상을 주면 도벽이 늘어날 것으로 생각된다. 그러나 용돈을 받은 아이는 상태가 나빠지는 것이 아니라 오히려 도벽이 사라졌다고 한다. 사실상 어린아이는 본래부터 나쁜 기질이 있어서 물건을 훔치는 것은 아니다. 도벽이 나쁜 것임을 알면서도 그렇게 해서라도 인정받으려는 심리가 작용한 것이다. 즉 도벽은 주위의 관심을 집중시키려는 어린아이의 철없는 행동이며 사랑 결핍의 증거이다.

예수님께서도 "어린아이들을 내게 오게 하라. 그들을 막지 말라_마 _{19:14}"고 하시며 어린이에 대한 사랑이 교육의 첫 걸음임을 암시하셨다. 어린이가 원하는 대상은 물건이 아니라 사랑과 관심이기 때문에 물질적인 것을 통해서 나쁜 습관을 바로잡을 수는 없다. 오로지 보살피고 돌보는 손길만이 어린이를 착한 사람으로 성장시킬 수 있다. 그러므로 용돈 자체가 어린이의 도벽을 없애는 해결책은 아니다. 그러한 용돈을 통해서 관심을 기울이고, 인정을 불어 넣으며 칭찬해 주는 분위기의 조성이 도벽을 없애는 최선의 해결책이다.

범죄자들은 대부분 어린 시절에 사랑을 듬뿍 받지 못했거나 결손가정에서 자라났다. 그러므로 어린이를 올바로 키우고 범죄자가 되는 것을 예방하려면 어린이에 대한 사랑과 관심을 배가해야 할 것이다. 보살핌을 아끼지 않는 교육 풍토의 조성을 통해서 어린이로 하여금 미래에 대한 꿈을 키울 수 있도록 해야 한다.

성인들의 언행을 통해서 어린이는 배우고 생각하며 행동하기 마련이다. A. S. 닐은 "문제아동이란 절대로 없다. 다만 있다면 문제 있는 부모가 있을 뿐이다"라고 하였다. 어린이의 장래는 부모가 어떻게 교육하느냐에 따라 결정된다고 해도 과언이 아니다. 어린이에 대한 올바른 교육은 부모의 인격적 만남과 화목한 부부애를 바탕으로 이루어져야 한다.

친구

진실한 친구는 행복의 정령

충실한 벗은 인생의 의약과 같은 것이다_마포크리나

이 세상을 살아가면서 많은 친구를 사귀게 된다. 그러나 자기의 가슴을 활짝 열어놓고 진실을 나눌 수 있는 친구가 과연 몇이나 될까? 유희와 쾌락만을 같이 하는 친구, 필요한 일이 있을 때만 만나는 친구는 진정한 친구가 아니다. 괴로울 때 위로의 손길로 슬픈 가슴을 어루만져 줄 수 있는 친구, 절망 가운데서 헤어 나오지 못할 때 용기와 희망을 불어넣어 주는 친구가 진정한 친구이다.

예부터 영원히 변치 않는 친구 둘만 사귀면 훌륭한 사람이란 말이 있고, 나쁜 친구를 사귀는 것보다는 혼자 외로운 편이 더 낫다는 말도 있다. 인생에서 친구로부터 받는 영향이 결코 적지 않음을 실감케 해주는 말이다. 유년시절의 죽마고우가 '나'를 불의한 길로 인도한다면 이 사람은 친구가 아니라 '나'의 영혼을 좀먹는 암적 존재라 할 수 있다.

우정엔 연륜보다 깊이가 더 중요하다. '나'로 하여금 세상의 환락과 부정을 가까이 하게 만드는 사람이 오랫동안 사귀어온 친구라 할지라도, 이러한 우정은 모래 위에 지은 집과 같은 것이다. 바람이 불면 모래 위의 집은 무너질 수밖에 없듯이, 불의한 친구와의 우정은 세속적 욕망 때문에 쉽사리 깨진다. 사귄 지 불과 몇 년밖에 안 되는 사람일지라도 언제나 '나'에게 선善과 덕성을 깨우쳐 주는 사람이야말로 진정한 친구가 아니겠는가?

마포크리나는 "충실한 벗은 인생의 의약과 같은 것이다"라고 하였다. 선한 친구를 사귀는 것은 '나' 이외에 또 하나의 '나'를 얻는 것이나 마찬가지다. 예부터 친구를 보면 그 사람이 어떤 사람인지를 알 수 있다고 했다. 노력 없이 친구간의 우정은 성장할 수 없다. "우정의 지속을 위해서는 친하면 친할수록 서로 존경심을 잃지 말아야 한다"는 공자의 말처럼, 친구 사이에 서로 신의를 지키며 상대방의 장점을 인정해 주는 것이 우정의 초석이다.

친구한테서 무엇을 받기를 기대하지 말고, 무엇을 줄 것인지를 먼저 생각하고 실천해야 한다. 성경에서도 "사람이 자기 친구를 위해 목숨을 내놓는 것보다 더 큰 사랑이 없다요 15:13"고 하였다. 참된 친구를 얻으려면 '나'부터 진실한 사람이 되어야 하며, 누군가를 아낌없이 섬길 수 있는 사람이 되어야 한다.

진실한 친구를 가진 사람은 행복한 인생을 살 수 있다. 열 사람의 평범한 친구보다 한 사람의 진실한 친구가 필요하다. 지금 '나'의 곁에는 진실한 친구가 있는지 한번 생각해 보자. 만남과 사귐 속에서 우정의 꽃밭에 언제나 희망의 꽃씨를 심어 주는 친구가 있는지를.

신뢰

온전한 인간관계

**일생을 살아가는 동안 사람이 다른 사람을 믿지 못하면
불행의 불씨를 안게 된다**

일생을 살아가는 동안 사람이 다른 사람을 믿지 못하면 불행의 불씨를 안게 된다. 부모가 자녀를 믿지 못하고, 자녀가 부모를 믿지 못한다거나 부부끼리 서로를 신뢰하지 못하면 갈등과 반목이 이어져서 파경을 불러올 수도 있다. 또한 국민이 정치 지도자를 믿지 못하고 회사의 간부와 직원들이 서로 마음의 벽을 쌓고 있다면 사회는 극심한 혼란을 겪을 수 있다.

어느 외국인 선교사가 인도의 정신적 아버지 마하트마 간디 Mohandas Karamchand Gandhi 에게 "지금 인도가 해결해야 할 최대의 과제가 무엇입니까?"라고 물어보았다. 그는 대답하기를 "인도에서 가장 시급한 것은 인격의 건설"이라고 하였다. 간디의 답변은 인간사회 안에

서의 상호 신뢰가 인격을 성장시킬 수 있는 밑거름이 된다는 것을 암시해 준다. 사실상 우리에겐 경제 안정도 시급하고, 교육의 발전과 과학기술의 증진도 꼭 필요한 일이지만 무엇보다도 우선하는 것은 공동체 안에서 사람끼리 서로 믿을 수 있는 인격의 풍토를 조성하는 일이다.

그런데 참으로 사람 사이의 믿음이 견실해지려면 하나님에 대한 믿음의 바탕을 이루어야 한다. 인간사회에서 빚어지는 무수한 불행과 죄악은 모두 사람에 대한 믿음의 부족에서 비롯한 것이며, 사람에 대한 신뢰의 결여는 하나님에 대한 신앙의 결핍에서 기인한다. 사람이 사람을 믿지 못하고, 또한 믿으려 하지 않는 태도는 사회의 미래를 암담하게 만든다. 이러한 불신풍조는 온전한 인간관계 형성을 가로막고 사회 질서를 파탄의 지경으로 몰고 간다.

사람에 대한 불신은 결국 사람에 대한 사랑이 없기 때문에 나타나는 현상이다. 다른 사람을 사랑할 줄 모르는 것은 하나님을 향한 믿음이 없기 때문에 일어나는 현상이며, 믿음의 결여는 하나님의 성품을 체험하지 못한 데서 비롯하는 것이다. 요한일서 4장 8절처럼 하나님의 본질은 '사랑'이시다. 그 사랑을 다른 사람들에게 베풀 때 서로 믿고 의지하는 삶을 살아갈 수 있다.

생명의
숨결이 담긴
사색의 축복

생명 1
사랑과 사색의 축복으로 태어난 생명

자기 자신을 사랑할 줄 아는 사람이 다른 사람도 사랑할 줄 안다

사랑을 품으면 모든 것이 다 아름답고 소중해 보인다. 풀 한 포기, 울퉁불퉁한 돌멩이 하나도 사람의 마음에 사랑이 가득 차 있으면 어여쁜 생명체로 보인다. 그러나 사람의 마음속에 증오와 시기를 가득 채우면 아무리 아름다운 생명체일지라도 모두 밉상스런 존재로서 다가오게 된다. 이렇듯 사람은 그 마음에 사랑이 있고 없음에 따라서 천국과 지옥을 왕래한다. 사랑이 풍성한 곳은 하나님이 계신 천국이요, 미움이 가득한 곳은 악한 세력의 지배를 받는 지옥이나 다름없다.

사랑의 영향은 사람에게만 국한되지 않는다. 하나님께 지음 받은 생명체들은 모두 사랑의 법칙과 연관을 맺고 있다. 어떤 사람이 두

개의 화분에 똑같은 꽃을 심고 물을 주면서 날마다 한 화분에는 사랑의 말을, 또 하나의 화분에는 욕설을 퍼부었다고 한다.

그 결과, 사랑을 베풀며 정성을 기울인 화분은 아름다운 꽃을 피우고 빛깔과 향기도 고왔는데, 매일 매일 욕을 섞어 물을 준 화분은 얼마 못 가서 그만 시들어 죽고 말았다는 것이다. 말을 못하는 한 송이 꽃도 사랑을 받지 못하면 죽음을 맞이하거늘, 하물며 사람들이 사랑 없이 살아갈 수 있겠는가? 하나님의 피조물들은 모두 사랑 속에서 생명을 보존한다.

자기 자신을 사랑할 줄 아는 사람이 다른 사람도 사랑할 줄 알며, 자신의 영혼을 소중히 여기는 사람이 다른 사람의 영혼도 보살필 수 있다. "네 이웃을 네 자신 같이 사랑하라마 22:39"는 하나님의 말씀은 사람이 사랑 없이 살아갈 수 없는 존재임을 시사해 준다.

사랑한다는 것은 가슴을 넓게 여는 것이다. 이웃을 사랑하면 우리의 얼굴은 더욱 밝아지기 마련이다. 사랑을 함께 나누고 살아갈 때만이 비로소 사람은 하나님의 성품에 가장 가까이 다가가게 된다. "하나님은 사랑요일 4:8"그 자체이시며, 사랑의 일을 가장 기뻐하시기 때문이다. 그러나 이상理想이 아니라 현실로 나타날 때 사랑은 하나님께 기쁨과 영광이 되며, 즐거움보다는 아픔을 함께 나눌 때, 그 사랑은 언제까지나 하나님의 기억 속에 남아 있게 될 것이다.

생명 2
생명은 온 천하보다 귀한 것

생명 이외에 재산은 없다_J. 러스킨

인간은 생명이 있기에 생각하고 활동한다. 생명은 인간에게 있어서 가장 귀한 보배이고 아름다운 하늘의 선물이다. 생명은 그 어떤 보석과도 맞바꿀 수 없을 만큼 소중한 것이며, 아무리 높은 지위와 명예도 생명보다는 고귀하지 않다. 그러므로 J. 러스킨은 "생명 이외에 재산은 없다"고 하지 않았던가?

육체적인 생명은 짧으나 정신적인 생명은 무한하고 영원하다. 위인들의 위대한 작품은 비록 짧은 생애에 이루어진 것이지만, 그것의 생명력은 영원히 후손들의 마음속에 살아 움직이고 있다.

로마 시대의 웅변가이자 정치가인 키케로Cicero는 "우리가 자연에서 받은 수명은 비록 짧은 것이지만, 잘 소비된 일생의 기억은 영원하다"라고 하였다. 따라서 얼마나 오래 사느냐가 중요한 것이 아니라 누가 더 보람 있게 사느냐가 중요한 것이며, 누가 더 재산을 모았느냐가 중요한 것이 아니라 그 재산을 얼마나 다른 사람을 위해 베풀었느냐가 더 중요한 것이다.

아름답고 밝은 생각을 우리의 생명 속에 가득 채움으로써 영원한 삶을 창조하는 개척의 힘을 키워 나가자. 생명은 불꽃과 같은 것이다. 생명을 아끼고 사랑하는 정성이 누구에게나 필요하다. 자신의 몸을 학대하고, 자신의 생명을 존중하지 않는 사람이 다른 사람의 생명을 귀하게 여길 수는 없다. 자신의 생명은 스스로의 노력을 통해서 수정처럼 맑고 정금처럼 귀한 것으로 가꾸어 내야 한다. 자신의 생명을 소홀히 여기는 자는 하늘의 버림을 받을 것이다.

"사랑은 생명의 꽃"이라는 보덴슈테트Bodenstedt 의 말에서처럼, 생명력을 유산처럼 전승시키는 힘은 사랑이다. 생명은 '나' 자신의 전유물이 아니다. 선조로부터 이어져 부모를 통해 물려받은 것이고, 무수한 후손의 생명을 낳는 씨앗이기도 하다. 생명의 씨앗에게 사랑의 물을 주고 정성으로 가꾸어 존귀한 인간의 가치를 실현해 나가자.

나의 생명의 소중함은 다른 사람의 생명을 존중하는 풍토 속에서 찾을 수 있다. 생명을 중요시하는 사회에서만이 평화가 싹트고 인류의 무궁한 발전이 약속된다. "한 사람의 목숨이 천하보다 귀하다 막 8:36-37"라는 성경말씀에 귀 기울여 보자.

침묵
꼭 필요한 한마디 말을 위한 침묵

> **침묵은 매우 작은 미덕이다.**
> **그러나 말해서는 안 될 것을 말하는 것은**
> **극악한 죄이다_오비디우스**

사회생활 속에서 인간에게는 말이 필요하다. 말을 통해 의사를 전달하고 감정을 표현한다. 말은 사회 속에서 없어서는 안 될 요소이지만 때로는 해악을 가져오기도 한다. 오비디우스Ovidius 는 "침묵은 매우 작은 미덕이다. 그러나 말해서는 안 될 것을 말하는 것은 극악한 죄이다"라고 하였다. 때로는 말보다 침묵이 더 가치가 있음을 지적한 것이다. 말은 화를 불러일으킬 수도 있지만 침묵은 화를 면하게 하거나 화를 감소시키는 힘을 갖는다. 듣는 사람에게 불쾌감을 느끼게 하는 말은 하지 않는 것만 못하다.

성경에는 "어리석은 사람도 조용히 하면 지혜롭게 보이고 입을 다물고 있으면 슬기로워 보인다$_{잠\ 17:28}$"라고 했다. 말의 가치를 모르고 말을 삼갈 줄 모르는 사람은 말을 할 줄 모르는 사람이며 가장 미련한 자이다.

가장 깊은 감정이란 항상 침묵 가운데 있다. 토마스 무어$_{Thomas\ Moore}$는 "침묵을 통해서 진리를 깨달을 수 있고 진실에 접근할 수 있다"라고 했다. 곧 침묵의 시간에 영적·정신적 생명력을 축적한다고 말할 수 있다. 이러한 의미에서 베이컨$_{Bacon}$은 "침묵은 총명을 기르는 어머니"라고 하였으며 그리스의 비극 작가 에우리피데스$_{Euripides}$도 "침묵은 진정한 지혜가 들려주는 최선의 대답이다"라고 고백하였다.

말을 삼가는 것, 말을 간결하게 하는 것, 말을 할 때 온유하고 부드럽게 하는 것이 침묵의 방법이다. T. 풀러$_{T.\ Fuller}$가 "침묵은 좀처럼 해를 주지 않는다"라고 하였듯이, 말이 많아 비난을 받는 사람은 있어도 침묵을 이유로 비난받는 사람은 없다. 그러나 말을 하기 싫어서 하지 않는 소극적 태도의 침묵이 아니라 유익한 말을 하기 위해 불필요한 말들을 절제하는 적극적 자세의 침묵을 해야 한다. 침묵 후에 던진 꼭 필요한 말 한마디는 보석보다 빛난다. 크리스티나 로제티$_{Christina\ Rossetti}$는 "침묵은 어떤 노래보다도 더 음악적이다"라고 하며 침묵 속에 감춰진 힘을 예찬하였다.

성실한 사람은 말을 하기보다 행동으로 나타내고 표정으로 자신의 뜻을 알린다. 한번 입에서 흘러나온 말은 지울 수도 없고 다시 담을 수도 없다. 침묵을 통해서 먼저 생각하고, 옳고 그름을 판단해 보아야 한다. 비난하고 싶을 때 침묵하라. 침묵을 깰 때는 명랑한 모습, 밝은 표정으로 상대방에게 유익한 말을 하라.

비전

생명의 길로 인도하는 비전

**비전을 품은 자는 고난에 처해 있어도
생기가 넘치며 가난에 처해도 초라하지 않다**

비전은 인간을 성공의 길로 인도하는 안내자이다. 비전을 품은 자
는 발걸음이 가볍고 눈에서 빛이 난다. 고난에 처해 있어도 생기가
넘치며 가난에 처해도 초라하지 않다. 특히 젊은이들에게 비전은
명예보다 더 소중한 보석이다. S. 클라이크ₛ. clark 는 "청년이여 대망
을 품으라"고 하였다. 생애를 두고 달성해야 할 소망이 있고, 그 비
전을 바라보며 최선을 다하는 사람처럼 행복한 사람은 없다.

비전은 마음에 정해진 목표이므로 다른 사람들에게 드러나지 않
는다. 성경은 우리에게 "우리가 소망으로 구원을 얻었으매 보이는
소망이 소망이 아니니 보는 것을 누가 바라리요롬 8:24"라고 하였다.
비전은 귀한 화초와도 같아서 보살피고 가꾸지 않으면 시들어 버린

다. 비전을 가슴에 품은 자는 그것을 향해 힘찬 전진을 계속해야 한다. 비전이 실현될 때까지 용기와 인내를 아끼지 말아야 한다.

비전은 자기중심의 이기적인 것이 되어서는 안 된다. 다른 사람을 위하고, 사회를 위하며, 인류의 발전에 도움이 될 수 있는 것이어야 한다. 애덤스 여사는 시카고에서 한 평생 흑인들과 가난한 자들을 돌보는 것을 비전으로 삼았고, 고아의 아버지라 불린 페스탈로치Pestalozzi는 고아들을 친자식처럼 사랑하는 것을 교육의 가장 큰 비전으로 여겼다. 이타적 자애심에서 우러나온 비전이야말로 현대인들에게 가장 바람직한 비전의 귀감이라 할 수 있다.

큰 비전을 품으면 큰 열매를 맺을 것이며, 작은 비전을 품으면 작은 열매를 맺을 것이다. 고래잡이 작살을 준비하여 바다에 도전하는 사람에겐 고래가 잡힐 것이며, 낚시를 준비하여 얕은 물에 가는 사람에겐 작은 고기만 잡게 될 것이다.

원대하고 이타적인 목표를 세울 때 비전은 아름답다. 그러나 비전을 실현하는 날까지 서두르지 말고 하나씩 실천해야 한다. 작은 일이라 등한시하지 말고, 멀다고 포기하지 말며, 인내로 계속해야 한다. 비전의 길은 멀고 험하나 헌신과 노력이 끊이지 않는다면 비전은 반드시 열매를 맺는다. 모든 사람이 자신의 성숙과 타인의 유익을 희망하며 일할 때 우리 사회는 좀 더 밝고 아름다워질 것이다.

희망

생명의 열매를 품는 희망의 씨앗

**희망을 가진 사람은
미래에 자신이 받게 될 열매를 확신하고 간절히 구하는 자이다**

농부의 희망은 추수에 있다. 그는 잘 익은 열매를 갈구하는 심정으로 봄에 씨앗을 뿌린다. 씨앗을 뿌리는 농부의 눈가에서 눈물이 흐를 때가 있다. 씨앗 하나에 인생의 모든 희망을 걸기 때문이다. 그러나 추수의 희망이 없는 사람은 밭을 갈지도 씨앗을 뿌리지도 않는다. 희망을 가진 사람은 미래에 자신이 받게 될 열매를 확신하고 간절히 구하는 자이다. 얻을 줄 믿고 열심히 찾는 자이며, 하늘 문이 열리기를 바라며 계속 두드리는 것이다.

"구하라. 그러면 너희에게 주실 것이다. 찾으라 그러면 너희가 찾을 것이다. 문을 두드리라. 그러면 너희에게 문이 열릴 것이다. 구하는 사람마다 받을 것이며 찾는 사람이 찾을 것이며 두드리는 사람에게 열릴 것이다_마 7:7-8 ." 이 말씀은 희망을 품은 사람에게 반드시 응답해 주실 것을 보장하는 하나님의 약속이다. 그렇다면 희망은 어떻게 나타나야 바람직한 것인가? 희망은 하나님께 대한 마음의 소원으로 나타나야 하며, 그것을 실현하려는 노력으로 이어져야만 하며, 그 목적에 도달하여 하나님의 집에 들어가는 것으로 완성되어야 한다.

희망하는 자는 먼저 구해야 할 것을 마음에 정하고, 결심을 굳건히 유지하며 희망을 키워 가야 한다. 희망을 품는다고 해서 모든 것이 다 이루어지는 것은 아니기 때문이다. 결심과 의지의 토대가 든든하지 못한 희망은 실현 가능성이 없다. 희망을 가진 자가 밟아야 할 첫 단계는 마음을 가다듬어 자신의 희망을 소중히 보존하는 예비과정이다.

그러나 마음에 준비가 이루어졌다고 해서 하나님이 빈 호주머니 속에 무엇을 넣어 주시는 것은 아니다. 하나님은 적극적인 태도로 희망을 실현하고자 땀을 흘리는 자에게 열매를 허락하신다. 그렇기에 사슴이 시냇물을 찾아 갈급해하는 심정으로_시 42:1 희망을 적극적으로 이루어 나가야 한다.

희망하는 자가 밟아야 할 마지막 단계는 목적지에 이르러 하나님이 예비해 놓으신 집의 문을 두드리는 것이다. 문을 열고 들어가 정원의 과일나무에 맺혀 있는 열매들을 추수하는 일이다. 얍복 나루에서 천사를 만나 씨름한 야곱같이 희망의 열매를 얻기 위한 노력을 마지막까지 쏟아 부어야 한다 창 32:24-29. 우리의 희망을 이루시는 분은 하나님이시니 우리는 다만 하나님의 성문城門을 두드릴 뿐이다.

하나님께서는 희망하는 자에게 좋은 것으로 주신다고 하셨다 눅 11:13. 그분께서는 좋은 것 이외엔 결코 주시지 않으며 악한 것을 아무리 구하여도 주시지 않는 분임을 우리는 믿어야 한다. 그러므로 마음을 다해 구하고, 행동으로 찾으며, 마지막에는 하늘 궁전의 문을 두드리는 노력이 필요하다. 하나님께서는 희망하는 자의 기도 이상으로 필요한 모든 것을 더하여 주시는 분이기 때문이다.

푯대

푯대를 향해 나아가는 생명의 여정

즉 뒤에 있는 것은 잊어버리고 앞에 있는 것을 잡으려고
푯대를 향하여 그리스도 예수 안에서 하나님이 위에서
부르신 부름의 상을 위하여 달려가노라_빌립보서 3:13-14

청소년 시절엔 높은 이상과 포부를 가져야 한다. 꿈이 없는 인생은
무의미하다. 그러나 꿈을 가진다고 해서 반드시 인생의 결실을 거
두는 것은 아니다. 꿈을 성취하려면 원대한 목표와 구체적 계획을
세워야 한다. 바울은 신앙의 완성을 위하여 "즉 뒤에 있는 것은 잊
어버리고 앞에 있는 것을 잡으려고 푯대를 향하여 그리스도 예수
안에서 하나님이 위에서 부르신 부름의 상을 위하여 달려가노라빌
3:13-14"고 했다. 목표와 방향이 없는 곳에는 인생의 의미를 찾을 수
없다. 목표와 계획을 세운 뒤엔 이것을 실현하기 위해 최대한의 노
력을 기울여야 한다.

꿈을 실현하기 위해서는 부정적 사고방식을 버려야 한다. 자신감과 노력이 부족했음에도 실패의 책임을 다른 사람의 탓으로 돌리거나 변명을 늘어놓는 것은 현명하지 못한 태도이다. 가치 있는 일을 계획한 이후엔 "나는 할 수 있다"는 가능성의 토대 위에 희망의 깃발을 꽂아야 한다. 이러한 긍정적 사고방식을 통해서 스스로 흘릴 수 있는 모든 땀을 쏟아 부을 때 인생의 열매를 거둘 수 있게 된다.

보지도 듣지도 못하며 말하지도 못했던 헬렌 켈러_{Helen Keller} 여사는 어느 누구보다도 뛰어난 문필가이자 교육자로서 전 세계에 명성을 떨쳤다. 여사는 14세에 맹아학교에 입학하여 회화, 수학, 지리, 독일어, 프랑스어 등을 공부하였고 20세엔 하버드대학에 진학하여 졸업하기까지 고전_{古典}과 성경을 탐독하였다. 헬렌 켈러는 시각과 청각의 불능, 언어 기능의 장애를 이겨 내기 위해 정상인보다 몇 배 이상으로 독서와 글쓰기를 훈련하였다. 그 결과 헬렌 켈러는 정상인들을 감동시키는 문학작품을 쓰게 되었고, 풍부한 지식을 바탕으로 정상인들 앞에서 수준 높은 강의를 펼칠 수 있었다.

헬렌 켈러를 위대한 인물로 성장시킨 밑거름은 무엇이었을까? 설리반 선생님의 교육방침도 중요한 요인이었지만, 이보다 더 중요한 것은 미래를 향한 꿈과 그 꿈을 이루려는 불굴의 의지였다. 헬렌 켈러의 인간 승리는 실의와 좌절을 거듭하는 모든 사람들에게 용기를 주었다. 그녀의 눈물겨운 노력은 건강한 몸을 가지고도 아무 노력조차 하지 않는 사람들을 부끄럽게 한다.

청소년들이 푯대를 향해 나아갈 때 가정환경, 물질, 신체적 불구 등의 외적 조건 때문에 어려움을 겪는 경우를 종종 볼 수 있다. 물론 청소년들에게 이러한 외적 조건들이 힘겨운 장애물인 것만은 분명하다. 그러나 장애물은 비켜 가거나 돌아가야 할 대상이 아니라 뛰어넘어야 할 대상이라는 것을 강조하고 싶다. 꿈을 가진 자만이 난관 앞에서도 당당하다. 난관을 극복하려는 불굴의 의지를 가진 자만이 꿈을 펼칠 자격이 있다.

은혜

은혜는 생명의 통로

**은혜를 받을 줄만 알고 그것을 보답할 줄 모르는 자는
가치 없는 사람이다_플라우투스**

은혜란 남에게 도움을 주는 것이다. 가난하고 불우한 사람뿐만 아니라 도움을 받을 만한 자격도 공로도 없는 사람에게까지 아무런 대가 없이 주는 것이다. 이것은 하나님의 사랑과 같이 거룩한 것이다. 참된 은혜가 있는 곳에 기쁨, 즐거움, 화평이 넘친다. 그러나 사람으로 태어나서 남의 은혜를 모르고 지내는 경우가 많다. 일찍이 플라우투스Plautus는 "은혜를 받을 줄만 알고 그것을 보답할 줄 모르는 자는 가치 없는 사람이다"라고 단언하였다. 세월이 흐를수록 생활은 윤택해지고 점점 더 편리해지지만 은혜를 아는 자는 점점 줄어들고 있다.

은혜를 망각하지 않고 사는 사람만이 참된 인격자라 할 수 있다.

소포클레스 Sophocles 는 "은혜의 기억을 마음속에 간직해 두지 않는 자는 더 이상 고귀한 인간이 아니다"라고 하였다. 그렇다면 어떻게 살아야 은혜를 잊지 않고 살 수 있을까?

첫째, 은혜를 고마워하는 마음을 갖는 것이다. 인간은 자기만의 힘으로는 성장하지 못한다. 성숙에 이르기까지 여러 사람들이 보살펴 준 것을 깨닫고 이들에게 항상 감사하는 마음을 갖는 것이 은혜에 보답하며 사는 길이다. 은혜에 대한 보답은 꼭 물질적인 것만이 아니라도 좋다. 명절을 맞이하거나 절기가 바뀔 때마다 평소 고마운 분들을 찾아뵙고 문안을 드리거나, 감사의 편지를 보내는 것도 은혜에 대한 보답이라 할 수 있다.

둘째, 은혜를 베풀며 사는 것이다. 은혜를 베푼다는 것은 무엇보다도 이웃의 불행과 고통에 동참하여 그들에게 물질적으로 정신적으로 안정을 주는 것이다. 그러나 "너는 구제할 때에 오른손의 하는 것을 왼손이 모르게 하여 네 구제함이 은밀하게 하라 마 6:3-4 "는 성경말씀과 같이 은혜를 베푸는 자는 자신의 공로를 내세우거나 자랑해서는 안 된다. "은혜를 베풀고는 그것을 결코 기억하지 말고, 은혜를 받으면 그것을 결코 잊지 말라."는 킬론의 말은 은혜를 주고받는 자의 겸손을 일깨워 준다.

이처럼 은혜를 잊지 않고 은혜를 베풀며 사는 곳이 천국이다. 은혜를 아는 사람들이 모여 살 때는 감사, 친절, 예절, 선대 善待, 웃음,

노래, 기쁨, 평화가 넘친다. 그러나 은혜를 모르고 살면 불평, 불만, 원망, 대립, 경쟁이 가득하며 극히 이기적이며 타산적이어서 때로는 은혜를 원수로 갚게 된다. 은혜를 모르는 세계는 지옥과 같다. 작은 도움이나 친절에도 감사할 줄 아는 것은 항상 은혜를 잊지 않고 살아가는 아름다운 마음이다.

하늘의 음성

성경은 하늘의 음성을 듣는 통로

하늘의 음성을 듣는 사람만이 모든 문제를 해결할 수 있다

하늘의 음성을 듣는 사람만이 모든 문제를 해결할 수 있다. 하늘의 음성을 듣는 것은 은혜 중의 은혜이며 가장 고결한 축복이다. 열린 하늘의 문에서 들려오는 거룩한 약속의 소리를 듣는 것보다 더 가슴 벅찬 기쁨은 없을 것이다.

예수님은 요단강에서 세례를 받으신 후에 "너는 내가 사랑하는 아들이다. 내가 너를 무척 기뻐한다_{막 1:11}"라는 하늘의 소리를 들으셨다. 사도 바울은 다메섹의 길 위에서 하늘의 음성을 들었으며_{행 9:3}, 스데반은 돌에 맞아 죽는 자리에서도 성령의 목소리에 이끌려 하나님의 영광을 보았다_{행 7:55-56}.

하늘의 음성을 듣는 사람은 인생을 새롭게 살아가게 되며, 견고한 반석 위에 인생의 집을 짓게 된다. 그러나 하늘의 음성은 누구에게나 쉽게 들리는 것이 아니다. 이 세상에서 하나님의 뜻을 이루고자 땀을 흘릴 때에 비로소 들려오는 것이 하늘의 음성이다. 또한 깊은 병에 들어 사경을 헤매거나 사업에 실패하여 절망에 빠져있을 때에도 기도를 쉬지 않는다면 하늘의 음성을 들을 수 있다. 하늘의 음성을 듣는 사람은 평안과 기쁨을 얻고, 하나님의 뜻을 분별하는 지혜를 갖게 된다. 하늘의 음성을 듣는 사람은 하나님의 뜻을 이루기 위해 썩는 한 알의 밀알처럼 헌신을 아끼지 않는다.

우리는 하늘의 음성을 듣기 위해 하나님의 말씀인 성경을 깊이 묵상하면서 기도해야 한다. 그러나 아무리 성경을 많이 읽었다 해도 성경 속에 담겨 있는 하나님의 음성을 영혼의 그릇 속에 가득 채우지 않는다면 다른 사람의 영혼을 결코 위로할 수도 사랑할 수도 없다. 하늘의 음성을 주야로 묵상하고 가슴에 새기지 않는다면 성경을 읽는 행위도 우리의 영혼에 무의미하게 울리는 징과 다름없다. 성경을 하늘의 음성을 듣는 통로로 삼을 때만이 영원한 생명을 간직할 수 있다.

기도

기도는 내 영혼의 젖줄

쉬지 말고 기도하라_데살로니가전서 5:17

기도는 믿음을 성장시키기 위한 방법으로 성경 읽기와 함께 가장 중요시된다. 기도는 하나님과 생명의 호흡을 나누는 시간이자 참된 사귐을 나누는 공간이다. 어려운 일이 있을 때나 즐거운 일이 있을 때나 어느 경우에든지 기도는 쉬지 말아야 한다.

갓난아기가 어머니의 젖을 먹지 않고서는 온전히 자라날 수 없듯이, 하나님을 믿는 사람들이 기도를 중단하면 올바르게 성장할 수 없다. 또한 사랑과 인정을 메마르게 하고, 의와 불의를 구분할 수 있는 판단력을 마비시키게 된다. 그러므로 기도를 생활화해야 한다.

입시를 준비하는 학생, 최전방을 지키는 국군장병, 열악한 근무

조건에서 일하는 근로자, 병상에서 신음하는 환자들이 어떤 경우에
든지 하나님께 무릎 꿇어 기도하는 삶을 살아갈 때 용기와 희망을
잃지 않게 된다. 기도는 하나님이 언제나 그들의 영혼을 지켜 주신
다는 확신을 주기 때문이다.

예수 그리스도께서는 시련이 닥칠 때마다 한적한 곳을 찾아 하
나님께 눈물로 간구하셨다. 절대자 하나님과 동등하신 예수님께서
도 기도를 삶의 반석으로 삼았거늘, 하물며 미약한 우리 인간들이
기도를 삶 속에 뿌리내리지 않는다면 인생의 형통을 기대할 수는
없을 것이다.

예수님께서 친히 기도의 모범을 보이신 것은 기도로 하나님과의
만남을 보여 주셨으며, 시련과 고통을 이길 힘을 주시는 것을 보여
주신 것이다. 기도는 인간의 욕구를 충족시키기 위해 필요한 것이
아니라, 하나님과의 인격적 만남 속에서 신앙을 성장시키려는 숭고
한 목적을 위해 존재하는 것이다. "쉬지 말고 기도하라 살전 5:17"는 성
경말씀과 같이, 하나님과 나 자신 사이에 영혼의 젖줄이 끊이지 않
아야만 비로소 온전한 인격의 성장과 사랑의 능력을 기를 수 있게
된다.

믿음

창조의 열매를 낳는 믿음

겨자씨 한 알 만한 믿음만 가지면 산을 옮길 능력이 있다

"믿음은 바라는 것들의 실상, 보이지 않는 것들의 증거 _{히 11:1}"라고
했다. 믿음의 힘은 환경을 변화시킬 수 있다. 그러면 이러한 믿음은
어떻게 얻어지며, 어디서 오는가? 이 세상의 명예와 권력과 돈과
물질이 많다고 해서, 탁월한 지혜와 학문을 많이 가져도 얻을 수 없
는 것이 믿음이다. 또한 수양과 도덕으로도 믿음을 얻을 수는 없다.
믿음은 인간의 필요에 따라 마음대로 만들 수 있는 것도 아니며 믿
음은 오직 하나님의 선물이며, 주의 말씀과 그분의 증거를 통해서
만 얻을 수 있다.

믿음은 모든 힘의 근원이자 힘을 다스리는 원동력이다. 무한한
가능성을 간직하고 있는 힘 그 자체이다. 불신앙은 파괴적인 결과

를 가져오지만, 믿음은 창조의 열매를 낳는다. 그러므로 우리에게 무엇보다 귀중한 것은 믿음이다. 이 믿음은 창조의 한계를 넘어 기적까지도 가능케 하기 때문이다.

예수 그리스도를 믿는 신앙은 실망 가운데에도 희망을 잃지 않고 축복을 바라는 것이다. 믿음은 비록 눈앞에 아무것도 보이지 않음에도 하나님의 약속에 대해 큰 기대를 표시하는 행위이다 히 11:20-21. 그러므로 믿음은 하나님의 약속이 성취되는 길에 가로놓여 있는 장애를 개의치 않는 태도이다. 믿음이란 무에서 유를 만들고 모든 것을 다스리는 힘이기 때문이다.

이제부터라도 믿음의 힘을 활용해 보자. 순간의 안락에 안주하지 말고 믿음을 더욱 적극적으로 키워 나가자. 우리는 일상생활에서 패배적인 말을 삼가야 한다. 즉 '나는 못 한다', '나는 할 수 없다' '나는 안 된다'라는 말을 버려야 한다. 안 되는 것을 되게 하고, 못하는 것을 할 수 있게 하는 것이 믿음이다.

예수님은 "겨자씨 한 알만한 믿음만 있어도 이 산을 향해 '여기서 저기로 옮겨 가거라' 하면 옮겨 갈 것이요 마 17:20"라고 하였다. 이 말씀은 물질적인 세계에서 실제로 일어나는 물리적인 힘을 말하는 것이 아니라 믿음이 있으면 아무리 불가능한 어려운 일이라도 능히 극복할 수 있다는 것을 비유로 말씀하신 것이다.

소망 1

소망은 영원한 기쁨의 동산

소망 가운데 기뻐하라_로마서 12:12

소망이란 막연하게 무언가를 바라는 것이 아니라 신뢰와 확신의 감정을 동반하는 의지적 작용이라 할 수 있다. 기독교에서 이야기하는 '소망'이 바로 이러한 유형의 '소망'이라 할 수 있다. 곧 여호와 하나님은 소망을 주시고 그 소망의 성취를 약속해 주시는 분이며, 인간은 하나님의 음성에 응답하여 그분을 향한 신앙을 통해 소망을 받아들이는 존재이다. 그러므로 소망은 신앙과 확신 속에 간직하는 이상理想이며, 인내와 끈기로서 미래의 축복을 기다리는 행위이기도 하다.

그리스도인들은 소망을 하나님에게서 찾고, 소망에 대한 확신을 그리스도 안에서 발견하는 자들이다. 참된 신앙을 가진 자들은 자신의 소망이 그리스도 안에서 언젠가는 성취되리라는 것을 의심치 않을 뿐 아니라 이미 성취된 것이나 다름없다고 믿는다.

신앙의 바탕 위에 존재하는 소망은 세월의 흐름에 조급해하지 않고, 불안과 공포를 다스릴 줄 알며, 언제나 자기 자신의 의지를 복종시켜 인내와 최선의 노력을 촉구한다. 소망은 결코 현실 도피의 공간 또는 정신적 아편과 같은 것이 아니며, 노력 없이 값진 결과만을 바라는 망상도 아니다.

1964년 흑인 인권운동의 공로로 노벨평화상을 수상한 미국의 마틴 루터킹Martin LutherKing 목사는 1963년 "워싱턴 대행진"에서 수많은 흑인들에게 다음과 같이 외쳤다. "우리에게 고난은 첩첩이 쌓여 있습니다. 그러나 꿈을 버리지 마십시오. 우리 자녀들을 피부 색깔이 아닌 인격의 내용으로 판단할 날이 반드시 올 것입니다. 이 꿈을 버리지 않는다면 절망의 바위산에서 희망의 반석을 캐내게 될 것입니다. 우리 모두 그날을 위해 함께 기도하고 함께 종을 울립시다."

참된 소망은 궁핍한 상황 또는 피폐한 환경 속에서 더욱 강인하게 성장한다는 것을 킹 목사의 연설에서 확인할 수 있다. 하나님을 향한 믿음신앙 속에서 소망을 키우고 그리스도의 말씀 속에서 소망의 실현을 약속 받은 자들은 결코 자신의 열악한 현실적 조건과 환경을 탓하지 않는다. 자신에게 도움을 주지 않는 사람들을 향해서 원망을 드러내지 않는다. 비록 보이지는 않지만 분명히 존재하고 있을 미래의 축복을 향하여 오로지 신앙과 노력을 양손에 쥐고 달려갈 뿐이다.

"소망 가운데 기뻐하라 롬 12:12"는 성경말씀처럼 소망으로 절망을 극복하고 소망을 통해 일시적 욕망을 억제할 때 참된 기쁨을 얻을 수 있다. 예수 그리스도는 기쁨의 근원이신 까닭에 그분 속에서 소망을 키우는 자들에게는 반드시 기쁨과 즐거움이 찾아온다. 또한 이 기쁨은 인간의 의지와 욕망에 의해 생겨난 것이 아니기 때문에 시간의 한계를 초월하는 영속성을 지닌다.

소망 2

하늘에 둔 소망

우리 소망을 살아 계신 하나님께 두라_디모데전서 4:10

사람이면 누구나 소망이 있다. '쥐구멍에도 볕들 날이 있다'는 우리의 옛말은 미래의 삶이 형통하기를 바라는 마음에서 표현된 것이라 할 수 있다. 그러나 이 말은 다분히 요행과 운運에 힘입어 미래의 사정이 나아지기를 바라는 막연한 기대이다. 소망하는 바가 무엇인지 어떠한 삶의 단계를 소망하는 것인지 그 의미가 구체적으로 드러나 있지 않다. 현대인들은 대부분 구체적 목표가 없는 추상적 소망을 키워 가고 있다. 소망을 갖게 된 근거와 동기가 없기 때문에 소망을 두는 목표조차 분명하지 않은 것이다.

시인 칼 부세Carl Busse의 시詩 중에 다음과 같은 시구詩句가 있다. "산 너머 언덕 너머 먼 하늘에 행복이 있다고 말하네. 아! 나는 그 행복을 찾아서 다른 사람을 따라 갔다가 눈물만 머금고 되돌아왔네. 행복은 산 너머 언덕 너머 더욱 더 멀리 있다고 사람들은 말하네." 결국 이 시는 대부분의 사람들이 행복을 소망하면서도 어떤 것이 행복인지, 자신이 무엇을 소망하는지를 모른 채 막연한 소망을 품고 있다는 것을 이야기해 준다.

그렇다면 우리는 어디에 소망을 두어야 하는가? 사도 바울은 "덧없는 재물에 소망을 두지 말라 딤전 6:17"고 하였다. 재물은 허탄한 것이요, 돈을 사랑하는 행위가 온갖 사악함의 뿌리가 되기 때문이다. 바울은 "우리 소망을 살아 계신 하나님께 두라 딤전 4:10"고 말하면서, 소망의 근거와 지향점이 하나님께 있어야 함을 말하고 있다. 개인의 소망을 사리사욕에 둔다면 인생의 결실은 공허와 지탄 밖에는 없을 것이다.

테레사 Teresa 수녀는 평생을 하늘에 소망을 두고 불우한 사람들을 보살펴 왔기 때문에 임종 후에 더욱 그 이름이 널리 칭송되었다. 자신의 이름보다는 하나님의 이름이 드러나기만을 소망하였기 때문에, 하나님은 이 같은 선한 마음의 중심을 보시고 개인의 이름을 드높여 주신 것이다.

그러므로 우리는 어떤 요행이나 막연한 것에 소망을 두지 말고 하나님과 그리스도의 사랑에 소망을 둘 때 진정한 영예의 면류관을 받게 될 것이다. 이제 우리는 "여호와 자기 하나님에게 자기의 소망을 두는 자는 복이 있도다_{시 146:5}"라는 말씀에 귀를 기울이며, 우리 소망의 근거를 하나님께 두어 복된 삶을 살아야 할 것이다.

사랑 1
가장 값진 것을 주는 사랑

사랑은 땅덩어리를 동여매는 끈이다_페스탈로치

사랑은 욕망을 포기하고 온전히 자기 자신을 희생하는 행위이다. 사랑은 무언가를 바라는 의도에서 베푸는 행위가 아니다. 오로지 다른 사람에게 기쁨과 용기를 줌으로 만족을 찾는 행위인 것이다. 그러므로 사랑은 갈등이 만연된 곳에 조화와 화평을 안겨주며 각 사람의 의지를 한 가지로 조율하여 선한 일을 도모케 한다.

이같은 사랑의 속성을 일컬어 페스탈로치 Pestalozzi 는 "사랑은 땅덩어리를 동여매는 끈이다"라고 하였으며, 톨스토이 Tolstoi 는 "우리가 사랑에 종사하는 일이 크면 클수록 우리의 생활은 더욱더 광대하며 완전하고 유쾌하게 될 것이다. 그저 사랑하라. 만물이 즐거움이 될 것이다. 하늘도, 나무도, 사람도 그리고 자신까지도……"라는 고백으로 사랑의 위력을 말하였다.

다른 사람에게 많은 것을 받는 기쁨보다 더욱 값진 기쁨은 다른 사람에게 자신의 소중한 것을 주는 것이다. 오랫동안 한 곳에 고여 있는 물은 썩을 수밖에 없듯이 항시 사랑을 받기만 하고 주지 않는 사람의 마음도 점점 부패해지기 마련이다.

그러나 인간의 사랑은 완전하지 못하다. 변질될 가능성을 항상 내포하고 있기 때문이다. 그렇다면 변질될 가능성이 전혀 없는 사랑은 무엇일까? 그것은 곧 아가페이다. 하나님께서 인간에게 조건 없이 베푸시는 사랑인 것이다. 이 사랑은 시간의 흐름에 구애받지 않고 변함없이 지속되는 사랑이다.

"하나님이 세상을 이처럼 사랑하셔서 독생자를 주셨으니 이는 그를 믿는 사람마다 멸망하지 않고 영생을 얻게 하려는 것이다 요 3:16"는 성경말씀처럼 하나님의 사랑은 아들의 목숨까지도 주는 사랑이다.

나이팅게일 Nightingale, 슈바이처 Schweitzer, 성 프란체스코 St. Francesco 등의 위인들이 평생 동안 이름도 빛도 없이 인류를 위해 가장 값진 것들을 베풀 수 있었던 것은 그들에게 하나님의 사랑을 본받으려는 마음이 있었기 때문이다. 그들은 하나님의 사랑을 몸으로 증거 하고자 했기 때문에 값없이 헌신할 수 있었던 것이다.

"주여, 나를 평화의 도구로 써주소서"라는 성 프란체스코의 기도

문은 땀과 피를 흘리면서도 아가페를 인간 세상에 전하겠다는 의지의 표현이 담겨 있다. 이처럼 하나님의 사랑을 본받을 때만이 비로소 인간의 사랑은 시간의 한계를 벗어나 변함없는 진실성을 갖출 수 있다. 아가페를 실천하고자 할 때만이 비로소 인간의 헌신은 목숨까지도 버릴 수 있는 희생의 힘을 발휘하게 될 것이다.

사랑 2

'받아들이는 것'은 완전한 사랑

받아들이는 것(acceptance)이 사랑의 궁극적 완성_버스캐글리아

사랑은 대화에서부터 시작된다. 상대방의 관심사가 무엇인지, 어떻게 살아가고 있는지를 대화를 통해서 알 때 사랑의 전달이 가능해진다. 대화 없는 개인과 개인, 대화 없는 가정과 사회에서 사랑을 기대할 수는 없다.

사랑의 씨앗은 대화 속에서 움트지만 줄기로 성장케 하는 것은 정성어린 표현이다. 한 평생을 살아가는 동반자라 할지라도 서로 간에 "사랑한다"는 말을 표현하지 않고서 생활한다면 동반자로서의 의미를 갖지 못할 것이다. 사랑은 행위에서 열매를 맺는 것임을 부인할 수 없지만, 상대방을 위하는 따뜻한 언어표현은 사랑의 열매를 맺기 위해 꼭 필요한 자양분이나 다름없다.

"사랑엔 거짓이 없다_롬 12:9"는 말씀처럼 타인을 향한 언어엔 진실이 있어야 한다. 정직한 마음을 갖지 않으면 사랑의 순수성을 지킬 수 없다. 무언가를 얻기 위해 헌신을 가장하는 마음, 이기심과 이타심 사이에서 갈등하는 마음으로는 사랑을 온전히 실천할 수 없다. 그렇기에 '나' 자신의 모든 것을 숨김없이 드러낼 때 사랑은 주고받음이 가능해진다. 사랑은 흉금을 터놓고 내미는 손길이요, 거리낌 없이 다가서는 발길이기 때문이다.

미국의 남가주대학 교수 버스캐글리아_Buscaglia 는 그의 저서 『사랑』에서 누군가를 "받아들이는 것_acceptance 이 사랑의 궁극적 완성"이라 말하였다. '받아들이는 것'이란 대화하기 싫은 사람과도 거리낌 없이 대화하는 것이요, 사랑의 표현을 하고 싶지 않은 상대에게도 따뜻하게 사랑의 언어를 속삭이는 것이다. 용서할 수 없는 사람에게 너그럽게 용서하는 태도이며, 상대방이 정직하지 못하더라도 상대방을 정직하게 대하는 자세이다.

사랑은 하나님의 성품이라 할 수 있는 자애와 용서와 진실을 모두 지니고 있기 때문이다. 누군가를 '받아들이는 것'은 편견 없이 평등하게 사랑을 베푸는 행위이다. 그러므로 누군가를 '받아들이는 것'은 하나님의 사랑을 전하려는 사람들이 반드시 갖추어야 할 것이다.

사랑 3
희생은 거룩한 사랑

인간이란 사랑하기 위해 살아야 한다_아놀드 토인비

사랑은 생명이자 힘이다. 사랑의 힘은 최대의 에너지이며 그 이상
의 위력을 발휘한다. 그렇기에 사랑은 창조 그 자체라고도 말할 수
있다. 성경에서는 이 '사랑'을 하나님의 가장 뚜렷한 속성이라 말하
고 있다. 하나님은 사랑의 하나님이기에 우주의 모든 만물을 창조
하셨으며, 이 모든 피조물 가운데 사람을 더욱 사랑하셨기 때문에
사람을 자기의 형상대로 만드셨다. 독생자 예수를 주신 것도, 십자
가의 죽으심도 모두 하나님의 사랑의 열매라는 것을 알 수 있다.

그렇다면 하나님의 사랑을 깨달은 자들은 어떻게 살아야 하는
가? 예수께서 가르치신 것처럼 이웃을 내 몸과 같이 사랑해야 한다
마 22:39. 아놀드 토인비Arnold Toynbee 는 "인간이란 사랑하기 위해 살아야

한다"라고 했다. 삶의 목적으로서의 사랑은 누구에게나 제1의 의무가 된다. 인생의 참된 보람이란 아무런 대가를 바라지 않고 사랑하는 것이다. 우리가 추구해야 할 사랑은 어떤 것인가? 세상에서 흔히 말하는 사랑이 아니라 하나님의 사랑에서 유래한 무조건적 사랑이다.

사랑한다는 것은 자기 자신을 주는 것이다. 사랑은 대가代價를 위하여 하는 일이 아니라 스스로 하는 일이다. 물질적 보수가 목적이 아닌 그저 사랑하는 행위에서 행복을 느끼고, 다른 사람의 성장에서 기쁨을 찾는 것이 참된 사랑이다. 사랑을 하나의 낱말로서 바꾸어 말한다면 그것은 곧 '희생'이다. 희생하지 않고서는 사랑할 수 없다. 사랑은 무조건적이고 무제한적이며 영원토록 스스로를 희생하는 행위이다.

우리가 사랑해야 할 대상은 누구인가? 그 대상이 부모, 형제가 될 수 있고 친구도 될 수 있지만 사회, 국가, 민족, 인류 등 그 대상의 폭을 점차 넓혀야 한다. 그러나 중요한 것은 하나님을 공경하지 않는 사람이 부모와 이웃을 사랑할 수 없고, 사회와 국가를 사랑할 수도 없다. 세계적인 윤리학자 칼 바르트Karl Barth 는 '성화된 사랑'이라는 말을 사용하였다. 사랑이 단순한 애정관계로 끝나는 것이 아니라 이기주의와 탐욕을 버리고 희생할 수 있을 때에 비로소 사랑은 거룩해진다는 것이다. 하나님께서는 우리에게 만인을 사랑하라고 하셨다.

하나님의 본질이 곧 사랑이기 때문이다. 십자가는 사랑과 희생의 상징이지만 단지 상징으로서만 끝나는 것이 아니라 무조건적 사랑에 대한 최고의 가르침이라 할 수 있다. 예수 그리스도의 십자가처럼 사랑은 죽음조차 극복하는 능력임을 깨달아야 한다. 사랑은 희생이라는 대가代價를 치르지 않으면 결코 열매를 맺지 못하는 것이다. 결국 인생은 무조건적 사랑으로부터 절대적 가치를 얻게 된다. 사랑은 가장 위대한 능력이며 모든 것을 가능케 하는 창조의 힘이기 때문이다.

사랑 4

자기의 유익을 구하지 않는 사랑

사랑이란 타인의 행복이
너 자신의 행복에 꼭 필요한 것이 되는 상태이다_R. A. 하인린

사랑이란 인간이 지닌 가장 아름다운 감정이며 숭고한 행동이다. 인간답게 산다는 것은 사랑한다는 것이요, 사랑한다는 것은 인간답게 산다는 것이다. 사랑의 마음은 모든 것을 포근히 감싸줄 수 있는 힘을 갖고 있다. 사랑은 인간생활의 최고의 진리이며 최상의 본질이다.

사랑은 곧 하나님의 마음이다. 사랑이 있는 곳에는 행복이 존재한다. 사랑할 수 있을 때에 진정한 인생의 기쁨을 찾을 수 있다. 미움은 분쟁을 일으키지만 사랑은 모든 허물을 덮는다.

R. A. 하인린은 "사랑이란 타인의 행복이 너 자신의 행복에 꼭 필요한 것이 되는 상태"라고 하였으며, 톨스토이Tolstoi 도 "사랑이란

자기희생이며 우연에 의존하지 않는 유일한 행복"이라고 하였다.
이렇듯 사랑에는 희생이 따른다. 자기의 이해관계를 떠나 상대에게
도움을 주려는 마음이 강해질 때 그 두 사람은 서로 밀접한 친분을
이루게 된다. 어머니의 사랑이 고귀한 것은 어린 생명을 위한 아낌
없는 자기희생의 노력이 있기 때문이다.

성경의 말씀처럼 '사랑'은 "자기의 유익을 구하지 않으며 고전 13:5"
소중한 것을 아낌없이 내주는 행동이다. 이러한 사랑을 실천하려면
그 마음이 순수해야 한다. 상대방의 인격을 존중하지 않고는 진실
한 사랑이란 있을 수 없다. 존중한다는 것은 깊은 이해심과 따뜻한
관심을 갖는 것이다.

인간은 완전하지 않기에 실수와 잘못을 하게 마련이다. 그러나 단
점을 지적하기에 앞서 상대방의 장점을 찾아 칭찬하고 격려해 주는
것이 참된 사랑이다. P. 유스티노프는 "사랑은 무한히 용서하는 행동
이며, 습관이 되어 버릴 만큼 상냥하게 봐주는 것이다"라고 말한 바
있으며, 성경에서도 "무엇보다도 뜨겁게 서로 사랑할지니 사랑은 허
다한 죄를 덮느니라 벤전 4:8"고 하였다. 이것이 곧 사랑의 신비이다. 사
랑의 열매는 아무리 큰 잘못이라도 용서하는 데서 나타난다.

하나님의 사랑

멸망을 영생으로 바꾸시는 사랑

> 하나님이 세상을 이처럼 사랑하셔서 독생자를 주셨으니
> 이는 그를 믿는 사람마다 멸망하지 않고
> 영생을 얻게 하려는 것이다_요한복음 3:16

하나님의 실체는 '사랑'이시다. 이 사랑은 관념 속의 '사랑'이 아니라 실제 그대로의 '사랑'이며, 일시적인 것이 아니라 영원토록 변함없는 '사랑'을 의미한다. 하나님은 독생자인 예수님을 우리에게 주심으로 인하여 아무런 조건 없는 '사랑'을 실천하셨다. 사랑이란 받는 것이 아니라 내어 주는 행위임을 몸소 증거 하신 것이다.

그렇다면 하나님은 우리에게 왜 독생자를 주셨을까? 하나님은 인간들에게 가장 시급하고 중요한 문제는 명예, 지위, 물질이 아니라 영혼의 '구원'이라고 생각하셨기 때문이다. 크리스마스의 의의는 바로 여기에 있다. 임종을 맞는 순간, 인간의 힘으로는 더 이상 삶을 연

장시킬 수 없다. 죽음 이후의 생명은 오로지 하나님께서 주관하시는 것이다. 그러나 하나님께서는 인간에게 영원한 삶으로 들어가는 길을 열어놓으셨다. 그 길이 바로 독생자 예수 그리스도이다.

우리 인간들은 멸망할 수밖에 없는 존재로서 태어났지만 하나님의 사랑으로 인하여 예수 그리스도를 맞이하게 되었고, 그분을 구세주로 받아들임으로써 영원한 생명을 얻게 되었다. "하나님이 세상을 이처럼 사랑하셔서 독생자를 주셨으니 이는 그를 믿는 사람마다 멸망하지 않고 영생을 얻게 하려는 것이다요 3:16."

멸망으로부터 영생을 얻는 것보다 더 소중한 선물이 어디 있겠는가? 황금보다 더 값비싼 보물도 구원의 은혜 앞에서는 무가치할 것이며, 제왕의 찬란한 옥좌도 구원의 불빛 아래서는 한낱 미명에 불과하다. 우리는 크리스마스를 단순히 연중행사처럼 생각할 것이 아니라, 우리의 인생에서 "가장 고귀한 선물을 받은 날"이자 "가장 감격스러운 날"로서 사모해야 한다.

동방의 박사들은 하늘에 뜬 '별'을 보고서 예수님의 탄생을 알게 되었고, 그 '별'의 인도를 따라서 예수님이 태어나신 곳을 찾을 수 있었다. 예수님의 탄생을 알려준 '별'은 오늘날의 모든 사람들에게 약속과 희망의 상징이며, 기쁜 소식을 전해 주는 전령이라 할 수 있다눅 2:10. 이 기쁜 소식이란 무엇일까? 그것은 곧 평화를 의미한다. 크리스마스를 맞이하여 그리스도를 구세주로 인정하는 것은 곧 마음속에 '평강의 왕'을 모시는 일이기도 하다. '평강의 왕'이 우리의 마음을 지배할 때 모든 갈등과 반목이 해소되고, 불안과 두려움은 자취를 감추게 된다.

독생자를 내어주신 하나님의 사랑에 감동하면, 냉랭한 마음에도 친절과 연민이 가득 넘치게 된다. 찰스 디킨스Charles Dickens 의 소설『크리스마스 캐럴』에 등장하는 지독한 구두쇠 스크루지 영감이 인정 많은 사람으로 변화 된 것도 결국엔 하나님의 사랑을 받아들였기 때문이다. 이처럼 크리스마스의 '사랑'은 이기적이고 자기 자신 밖에 모르는 인간을 이타적이고 자애로운 인간으로 변화시킨다.

예수 그리스도의 사랑

행위로 보여주신 사랑

> 내가 사람의 방언과 천사의 말을 할지라도
> 사랑이 없으면 소리 나는 구리와 울리는 꽹과리가 되고
> 사랑이 없으면 내가 아무 것도 아니요_고린도전서 13:1-2

사람에게 가장 어려운 일은 누군가를 사랑하는 일이다. 진정한 사랑을 하기 위해서는 우선 마음에 욕심이 없어야 한다. 사랑의 속성은 '나'보다는 다른 사람을 먼저 위하고 보살펴 주는 것이기 때문에, 욕심이 가득 찬 사람들로서는 누군가에게 사랑을 베풀기가 불가능하다. 그러므로 온전한 사랑을 실천하려면 자신의 관심사를 이타적인 일에 집중시켜야 한다. 자신의 유익을 먼저 생각하지 말며, 다른 사람의 유익을 위해 필요한 일들을 찾아보아야 한다.

말로써 표현하긴 쉬우나 행동으로 옮기기 어려운 것이 사랑이다. 유사 이래 수많은 사람들이 사랑을 예찬하고 사랑의 미덕을 칭송

해 왔지만, 정작 아무런 대가를 바라지 않고 인간사회를 위해 순수하게 헌신한 사람들은 소수에 불과하다. 사랑은 음악가의 감미로운 선율 속에 존재하는 것이 아니요, 시인의 아름다운 글 속에 존재하는 것도 아니다. 자기 자신을 아낌없이 희생하는 행위 속에 사랑이 있다. 고달프고 외로울지라도 다른 사람들에게 행복을 안겨 주는 행위 속에서 사랑은 모습을 드러낸다.

사도 바울은 "내가 사람의 방언과 천사의 말을 할지라도 사랑이 없으면 소리 나는 구리와 울리는 꽹과리가 되고……사랑이 없으면 내가 아무 것도 아니요 고전 13:1-2"라고 하였다. 사랑은 사람의 입에서 태어나는 것이 아니라 사람의 손에서 태어난다. 사랑은 사람의 생각에서 성숙하는 것이 아니라 사람의 눈물과 땀에서 열매를 맺는다.

사랑이 순수하고 이타적인 것이라 해도, 주변의 상황에 따라서 일시적 행위로 끝나는 경우가 허다하다. 헌신적인 사랑은 언제나 변함없이 지속되는 법이다. 그러나 인간의 의지로는 사랑의 생명력을 지속적으로 간직하기 어렵다. 하나님께 사랑의 은사 gift 를 받을 때만이 세속적 조건들을 초월할 수 있다. 또한 예수 그리스도의 무조건적 사랑을 삶의 지표로 삼을 때만이 시간과 공간의 한계를 초월하여 다른 사람들을 온전히 사랑할 수 있게 된다.

자선과 봉사로써 사랑을 실천하다가도 다른 사람들이 자신의 노고를 몰라주기에 몹시 실망하는 사람들이 있다. 그러나 그리스도께서는 온갖 비난과 질책 속에서도 결연히 목숨을 내버리시어 인류를 구원하시지 않았던가? 진정한 사랑은 주변 사람들의 이목에 연연해하지 않는 것이며, 공로의 가치평가에 대해 아무런 관심을 두지 않는 행위임을 기억해야 할 것이다.